EXU CAVEIRA

De Padre a Guardião da Calunga

Maria Célia Dias da Silva

Inspirado pelo espírito Ramon de Bonvivary, o "Exu caveira"

EXU CAVEIRA

De Padre a Guardião da Calunga

MADRAS®

© 2025, Madras Editora Ltda.

Editor:
Wagner Veneziani Costa

Produção e Capa:
Equipe Técnica Madras

Revisão:
Ana Paula Luccisano
Arlete Genari
Neuza Rosa

Dados Internacionais de Catalogação na Publicação (CIP)
(Câmara Brasileira do Livro, SP, Brasil)

Caveira, Exu (Espírito)
Exu Caveira : de padre a guardião da calunga / inspirado pelo espírito Ramon de Bonvivary, o Exu Caveira ; [psicografado por] Maria Célia Dias da Silva. -- São Paulo : Madras, 2025.

ISBN: 978-85-370-1068-6

1. Psicografia 2. Romance brasileiro 3. Umbanda
I. Silva, Maria Célia Dias da. II. Título.

17-04617   CDD-299.672

Índices para catálogo sistemático:
1. Romances mediúnicos : Umbanda 299.672

É proibida a reprodução total ou parcial desta obra, de qualquer forma ou por qualquer meio eletrônico, mecânico, inclusive por meio de processos xerográficos, incluindo ainda o uso da internet, sem a permissão expressa da Madras Editora, na pessoa de seu editor (Lei nº 9.610, de 19/2/1998).

Todos os direitos desta edição reservados pela

MADRAS EDITORA LTDA.
Rua Paulo Gonçalves, 88 – Santana
CEP: 02403-020 – São Paulo/SP
Tel.: (11) 2281-5555 – (11) 98128-7754
www.madras.com.br

Dedicatória

Este livro é dedicado a Vagner Vieira da Silva, sacerdote de Umbanda (formado por Pai Rubens Saraceni), marido, amigo, companheiro de todos os momentos e pai amoroso.

A Alex Dias da Silva, minha vida, meu filho, meu tudo.

A Firmina e Aparecido, meus pais amados (*in memoriam*).

E ao irmão de fé e amigo de todas as horas que muito tem me ajudado, Nilton Luiz Severino, escritor e jornalista. E, especialmente, aos Pais Manlio Kain e Marcio Kain, dirigentes da Sociedade Espírita de Umbanda Bom Pastor, em Sorocaba/SP.

Eu matei...

Eu roubei...

Eu amei uma mulher...

Eu era um padre...

(Ramon de Bonvivary, o Exu Caveira)

Se por acaso cometi algum lapso na hora de escrever peço, antecipadamente, desculpa aos leitores, pois tudo que escrevi foi conforme o acordo feito entre mim e Exu Caveira; ou seja, com base apenas nas lembranças dos fatos e, infelizmente, as memórias muitas vezes se equivocam. Porém, estejam certos de que procurei lembrar o melhor possível tudo o que me foi passado por Ramon de Bonvivary.

Maria Célia Dias da Silva

Índice

Prefácio 13
Prólogo 17
I   –   Infância Perdida 21
II –   Vivendo à Sombra de Deus 51
III –   Desencarne 67
IV –   O Despertar 89
V   –   Mesmo nas Trevas Existe Crescimento 105
VI –   Exu Caveira: O Guardião da Calunga 119

Prefácio

*Por Alexandre Cumino**

Em 1995 li algo que mudaria minha vida e a vida de milhares e milhares de umbandistas e simpatizantes da Umbanda. Li algo que era único e inédito para a Umbanda, um livro psicografado por um Preto-Velho por meio de um médium umbandista, contando a história de um Exu, um Guardião para a Umbanda. Sim, em 1995, Rubens Saraceni, o Mestre, foi o primeiro médium de Umbanda a se tornar médium psicógrafo de dezenas de títulos doutrinários e romances mediúnicos explicando como é a realidade em que vivem os espíritos que se manifestam nos milhares de terreiros, centros, tendas, grupos e templos de Umbanda.

Esse livro, *O Guardião da Meia-Noite*,[1] é um divisor de águas na Umbanda. A partir dessa leitura muitos, assim como eu, passaram a entender o que é um espírito humano trabalhando sob o conceito e a forma de um

---

1. Obra de Rubens Saraceni, publicada pela Madras Editora.

Exu nas linhas de trabalho da religião. Embora o nome Exu venha de uma cultura muito mais antiga, como o Orixá Exu de origem africana, Nagô – Yorubá, seu nome é emprestado para espíritos que trabalham com sua força (energia e poder de realização) e sob seu amparo para também amparar, guardar e proteger templos e médiuns que se façam merecedores de tal oportunidade.

Todos temos um ou mais Exus a nos proteger, a Umbanda nos dá essa oportunidade ou essa graça de conhecer quem são nossos guias e protetores, e por meio da mediunidade podemos fazer deles nossos mestres, ou melhor, fazer de nós os seus discípulos quando assim entender que nos tornamos pessoas melhores sob a orientação de quem traz como bagagem a experiência de muitas encarnações. Esse olhar, essa visão, se torna possível ao ler a obra de Rubens Saraceni, ao ter contato com um guardião real, trabalhando para a Lei Maior e a Justiça Divina; então temos contato com a vida e aprendemos a não julgar mais nossos semelhantes.

Algumas dessas histórias são de encarnações envoltas ao erro, ao crime, mortes, dor e traumas que atravessam outras vidas e outras encarnações, e junto do enredo nós também rimos, choramos e torcemos sempre por aquele que sofre e também por aquele que erra, para que comece a acertar. Identificamo-nos com a história e a vida de cada um deles, pelo simples fato de que é também a vida de cada um de nós. Quem pode dizer que nunca errou, quem pode atacar a primeira pedra? Se não nesta vida, provavelmente em outras, cometemos os mesmos erros ou outros tão graves quanto.

Prefácio 15

Por que citar Rubens Saraceni e *O Guardião da Meia-Noite*? Pelo simples fato de que ao ler a história do *Exu Caveira* fui transportado emocionalmente ao *Guardião da Meia-Noite*, em muitos sentidos, e o primeiro deles foi estar diante de um depoimento corajoso de quem errou e oferece a mão estendida como "minha culpa", ou seja, assume a responsabilidade por todos os seus atos passados nas diversas encarnações. No entanto, muito mais do que isso, eu me vi diante de um romance envolvente o qual não conseguia parar de ler, algo forte, rico, inesperado e inusitado como alguns dos encontros e desencontros narrados na história deste Exu Guardião.

Alguém falando da sua própria sombra e ainda assim demonstrando que mesmo em meio à pior das trevas existe amor, é sempre fascinante. Claro que existem muitas formas de amar e de amor, e que quanto mais apego, mais paixão, no entanto ainda sob a forma de paixão, o amor nos marca tão profundamente que, além de nos arrastar na dor e nos erros, molda nossa personalidade e nos identifica com o ser amado em sua essência. Nossa alma vê além dos olhos a alma do outro ou da outra que é o ser amado, e assim identificamos em nós o que nos toca na essência, independentemente da forma, da encarnação, além do corpo ou da matéria. E é isso o que temos aqui, a historia de cada um de nós e de todos nós; a busca pelo amor e para vencer nossos vícios, nossas trevas, nossas sombras. Esta é a história da humanidade, tão bem contada na história do Exu Caveira.

Agradecemos ao mestre, e amigo, Rubens Saraceni por abrir este campo de estudo e literatura mediúnica na

Umbanda. Agradeço ao editor, amigo e mestre Wagner Veneziani Costa por pedir minha opinião sobre este romance lindo. E agora de forma muito especial, com meu carinho, agradeço ao Sr. Exu Caveira, ao "Padre Caveira" por nos contar sua história, e a médium Maria Célia, primeiro por aceitar esta missão em seu coração e por aceitar este prefácio de um irmão que, no mínimo, reconhece a importância de sua obra. Faço votos de que venham outros títulos tão bons quanto este, tão bons quanto os títulos de nosso mestre e pai espiritual Rubens Saraceni.

Que Oxalá abençoe a todos nós!

Alexandre Cumino é sacerdote de Umbanda
preparado por Rubens Saraceni;
responsável pelo Colégio de Umbanda Sagrada Pena Branca;
Bacharel em Ciências da Religião e autor de diversos livros de
Umbanda, todos publicados pela Madras Editora

Prólogo

Era noite e a lua já estava alta no céu. O caminho era deserto e eu caminhava sozinha, não tinha medo da escuridão, pois sabia aonde ia. Caminhava com passos rápidos, decididos e seguros até parar diante de um enorme, belo, antigo e bem trabalhado portão; eu me senti minúscula diante daquele portão magistral. Abri a capa que me envolvia todo o corpo, protegendo-me do frio da noite, e ergui os braços falando em voz alta:

– Em nome de Pai Obaluaiê peço, humildemente, permissão para adentrar este campo-santo.

No mesmo instante, com um breve estalido, o portão se abriu; voltei a me envolver na capa e passei pelo portão que se fechou novamente atrás de mim. Agora caminhava rapidamente por campas e tumbas, magistrais e humildes, mas todas com seus encantos e mistérios.

Ergui a cabeça e ao longe enxerguei o cruzeiro, segui confiante naquela direção e, em pouco tempo, cheguei ao cruzeiro das almas. Parado, de costas para mim, estava um homem alto, vestido em trajes sacerdotais. Ele se volta encarando-me com respeito e carinho, e dirigindo-se a mim pergunta:

– Por que demorou?

Respondi:

– Hoje o dia foi difícil, acabei indo dormir muito tarde.

Ele sorriu e me falou:

– Eu sei, mas o importante é que agora você está aqui. Diga-me o que você deseja de mim.

Ramon já estava na minha vida há muito tempo, lembro-me da primeira vez em que o vi e de todas as vezes em que estive em situações difíceis, e como ele estava sempre por perto protegendo-me e apoiando. Sorri e perguntei timidamente:

– Gostaria de conhecer a história da sua vida e se possível escrevê-la.

Ele sorriu e percebi sombras por trás de seu sorriso. Com pesar na voz ele me respondeu:

– Minha história... Está aí uma parte da minha vida que gostaria de esquecer, mas Pai Obaluaiê me disse da importância de mais esse passo na minha evolução. Talvez alguém, conhecendo minha história, não cometa os mesmos erros; o que duvido, pois quando estamos decididos a errar, sabemos ser resistentes nas nossas decisões, além de cegos e surdos a qualquer conselho que procure nos levar de volta ao caminho do bem. E quando falo isso, digo por experiência própria.

Senti por um momento que ele, provavelmente, negar-se-ia a me contar toda sua história, mas me mantive em silêncio em respeito a sua decisão.

Ele respirou fundo e respondeu:

– Tudo bem, vou lhe contar minha história e você poderá escrevê-la, mas sob as minhas regras.

Prólogo

– E quais são suas regras? – perguntei, e ele respondeu:

– Simples, eu a procurarei quando achar melhor e, por meio da sua audiência, contarei parte da minha história, mas você não anotará nada, apenas a ouvirá com atenção e fará perguntas que possam esclarecer qualquer dúvida ou curiosidade que tenha. Somente depois você poderá escrever o que lhe contei e da forma como se lembrar. Concorda?

– E se por algum motivo não conseguir lembrar? – perguntei e pensei como seria mais fácil uma psicografia, de preferência comigo totalmente inconsciente.

– Se não lembrar, paciência. É sinal que a história não é tão interessante assim, então por que passar adiante algo tão fácil de ser esquecido? Você decide. Aceita esses termos ou não aceita?

Fiquei em dúvida, mas queria muito saber a história daquele homem que há muito tempo me fascinava e inspirava respeito. Então, sem convicção, respondi:

– Aceito.

Ele sorriu novamente, mas agora era um sorriso maroto e até um tanto zombeteiro, por assim dizer, e então me respondeu:

– Então temos um acordo, me aguarde.

E com estas palavras, antes que pudesse perguntar qualquer coisa, ele desapareceu. Olhei ao redor e senti uma força muito grande me puxando, percorri todo o caminho feito até chegar ali, só que de costas, e numa velocidade muito grande. Fechei os olhos, de repente senti que tinha parado; abri os olhos novamente e eu estava no meu quarto, na minha cama. Na minha frente meu filho me chacoalhando, dizendo que não estava se sentindo bem e se poderia faltar na escola; toquei seu rosto e percebi que ele estava febril. Falei que sim, para ele voltar a dormir, e me levantei para preparar um remédio.

Os dias passaram sem notícias do Senhor Exu Caveira, ou melhor, de Ramon, como costumava chamá-lo. Já começava a imaginar que tudo não passava de um simples sonho, até que certo dia estava preparando o almoço e ouvi alguém falar no meu ouvido:

– Pronta para começar a ouvir a minha história? Pode continuar o que está fazendo; afinal, você não escuta com as mãos.

E começou a me contar sua história desde o início e mais tarde, sozinha, eu a escrevi. E assim foi durante alguns meses, até que finalmente o livro ficou pronto e hoje posso compartilhar com vocês uma história que em alguns pontos me emocionou, em outros me irritou e em outros ainda muito me ensinou, mas que em todos os momentos me encantou e espero que possa encantar a todos que a lerem. Então só me resta dizer:

Laroyê Exu! Exu é mogibá!

Salve Senhor Exu Caveira! Salve Ramon de Bonvivary!

Salve o Guardião do Cemitério!

Salve todos os Guardiões...

E Saravá a todos os leitores!

I

Infância Perdida

Estávamos no dia 20 de junho do ano de 1580, era meio de inverno quando nasci; o segundo filho de um casal de fazendeiros. Meu irmão já estava com 5 anos de idade. Minha mãe esperava ansiosa por uma menina; mas meu genitor se sentiu o pai mais orgulhoso do mundo quando a parteira disse:

– O senhor é um homem de sorte, mais um homem na família.

Minha mãe não conseguia esconder a decepção e se agarrou mais e mais ao meu irmão. Meu pai, por sua vez, sentindo a diferença que minha mãe fazia, procurava me levar com ele para todos os lugares que frequentava: fazendas, amigos, trabalhos, bares, prostíbulos. Este último, ele deixava bem claro, era nosso segredo; minha mãe nunca poderia saber. E eu, como um bom filho, soube guardar nosso segredo e conservar meus privilégios.

Fui crescendo; não só eu como também meu irmão. Eu estava com 10 anos e Karlo, este era o nome do meu irmão, com 15, quando meu pai chegou para minha mãe e disse:

– Despeça-se do seu filho que ele vai embora amanhã.

– Como assim amanhã? – perguntou ela desesperada.

– Para onde você vai mandar meu filho.

– Karlo já está com 15 anos, já é hora de ele cumprir seu destino; ele vai para Roma para estudar, para se tornar médico.

Karlo, apesar de muito apegado a nossa mãe, cumpria sempre à risca as ordens do nosso pai e, sem questionar, deu um beijo em nossa mãe, correu escada acima e foi arrumar suas coisas, enquanto as escravas corriam à cozinha para preparar deliciosos manjares para ele se empanturrar durante a viagem.

Senti naquele momento um pouco de inveja do meu irmão; afinal, ele ia ser livre, dono do seu destino; mas por outro lado estava feliz, agora seria o único filho na casa, pois meu irmão só viria nas férias para passar alguns dias e minha mãe ficaria sozinha; como ela sempre me deixou, eu sorri discreto no meu canto. Minha mãe olhou para mim e, parecendo ler meus pensamentos, disse:

– Você está feliz por seu irmão ir embora e me deixar, mas saiba de uma coisa, você nunca ocupará o lugar dele; pois para mim você não é nada, eu o odeio desde a primeira vez em que o vi e vou odiá-lo para sempre.

E dizendo estas palavras, deu-me uma bofetada e correu para seu quarto chorando, enquanto meu pai gritava:

– Sua louca, sua desequilibrada, se não mudar vou encerrá-la num depósito para malucas como você!

E me abraçando, falou:

– Fique tranquilo, meu filho, jamais o deixarei sozinho com essa maluca.

Eu e meu irmão nunca nos demos muito bem; afinal, nossos pais trataram de nos separar desde pequenos; mas no fundo eu até gostava dele e ele do seu modo gostava de mim. Fomos todos até as caravanas para nos despedirmos de Karlo, ele apenas me abraçou e falou:

– Seja bom.

E essa foi a última vez que vi meu irmão com vida. Um acidente muito feio ocorreu naquele dia, justamente com a caravana na qual Karlo se encontrava, ele morreu na hora.

Quando recebemos a notícia, ficamos todos consternados, minha mãe ficou parada, letárgica; olhou para mim e perguntou:

– Por que Deus levou seu irmão, por que Ele fez isso comigo, por que Ele não levou você em vez do seu irmão?

Meu pai me tirou de perto dela, e a olhando com asco, disse:

– Você está totalmente desequilibrada; suba, louca, para o seu quarto, antes que eu perca a cabeça e ao invés de um enterro, teremos dois – olhou para ela com tanto ódio que até eu me assustei.

Ela subiu as escadas correndo e se fechou no quarto, chorando e gritando de dor, uma dor tão grande que parecia estar dilacerando a sua alma.

Meu pai correu para saber os detalhes e providenciar tudo, e levou-me com ele; seguimos viagem até o local do acidente, que por sinal não tinha sido muito longe, ele nem ao menos chegou a deixar o nosso povoado. Ao descer a serra para chegar ao próximo povoado, onde ele pegaria o navio para Roma, a caravana em que estava se desequilibrou e rolou precipício abaixo, todos morreram, até os animais. A profundidade em que se encontravam os destroços da caravana era tão grande que foi muito difícil tirar os corpos para darmos um enterro digno às vítimas, mas com a união de todos conseguimos. Olhei para o meu pai quando o corpo do meu irmão veio à tona e vi toda a dor que ele estava sentindo, estampada em seu semblante; de uma noite para outra parecia ter envelhecido uns vinte anos.

Meu pai resolveu tudo que tinha de ser resolvido com relação ao funeral; eu o acompanhei. Estávamos nos preparando para levar o corpo do meu irmão para velarmos em casa, quando o padre procurou meu pai e falou:

– Dom Inácio, precisamos conversar um momento em particular.

– Mas, padre, não pode ser em outra hora, agora estou levando meu filho para ser velado; a mãe dele o aguarda.

– Sinto muito pela sua perda, mas é exatamente sobre isso que vim lhe falar. Você sabe que foi um acidente muito grave, com muitos mortos, e sabe também que sou o único pároco da região e que todas as famílias vão querer minha presença nos velórios; portanto, para evitar uma situação constrangedora por não poder estar em vários lugares ao mesmo tempo, decidi que todos os velórios serão realizados na Santa Igreja.

– Padre, eu não terei o direito de velar meu filho na nossa casa? Isso não é justo.

– Sinto muito, meu filho, mas se você decidir velar seu filho em sua casa terá que fazer isso sem a presença de um padre, pois não poderei estar lá.

Meu pai ficou horrorizado só de pensar em fazer o velório de meu irmão sem a presença de um padre, dando os sacramentos finais que garantiriam a entrada de seu filho no Paraíso.

– Isso nunca, padre, pode providenciar tudo que cuidarei para trazer minha esposa e velaremos nosso filho como o senhor deseja; apesar de achar muito errado, mas quem sou eu para dizer não a um servo de Deus; afinal, minha dívida com Ele já está muito alta, nem sei como irei pagar tudo.

– Fique tranquilo, meu filho, no momento certo Ele nos revelará o que você terá de fazer para saldar sua dívida.

E, despedindo-se de meu pai, padre Euzébio voltou para falar com os outros familiares.

Meu pai olhou para mim e falou:

– Sua mãe vai ficar transtornada quando souber que será um velório comunitário, tenho medo até de pensar na reação dela. Tenho certeza de que jogará a culpa em nós, portanto, vou deixar você aqui aos cuidados do padre; procure ajudá-lo no que ele precisar. Tenho alguns conhecidos aqui que irão ajudar a preparar seu irmão; eu irei sozinho buscar sua mãe e logo estarei de volta. Antes reservarei um quarto na pousada, para o caso de pernoitarmos aqui e para sua mãe poder se preparar antes do velório e do enterro.

Chamando o padre, meu pai pediu para que ele ficasse comigo, sob os seus cuidados, até seu retorno. O padre concordou de imediato e meu pai me falou:

– Obedeça ao santo padre e faça exatamente tudo que ele ordenar – dizendo estas palavras ele saiu para buscar minha mãe.

Nem preciso dizer que minha mãe ficou revoltada e, por incrível que pareça, na mente dela meu pai não tinha culpa de nada e muito menos o padre, o único culpado era eu. Ela chegou a dizer para o padre que eu devia ter parte com o demônio, pois vim para destruir sua felicidade e tirar sua paz. Foi uma noite muito difícil para todos, principalmente para mim que fiquei o velório todo com minha mãe me maldizendo e gritando, para quem quisesse ouvir, que eu era o responsável por aquele acidente e pela infelicidade de todas as famílias, que agora velavam seus entes querido por minha causa, e dizia que não retornaria mais para casa se meu pai insistisse em me levar com eles. Meu pai estava tão consternado quanto eu e não sabia o que fazer; foi quando, no final do enterro, padre Euzébio o chamou num canto e falou:

– Sua esposa ficou muito perturbada com a morte do seu filho mais velho, acho melhor você não levar seu caçula para casa até ela se recuperar; se desejar, pode deixá-lo sob meus cuidados aqui na igreja.

Meu pai, que acabara de perder um filho, e que há muito não via mais minha mãe como mulher, falou:

– De jeito nenhum, padre, não me peça para perder dois filhos no mesmo dia.

– Mas, meu filho, sua mulher se recusa a morar junto do pequeno Ramon; ela é sua esposa e você tem que cuidar dela, agradá-la. Principalmente neste momento difícil ela deve estar em primeiro lugar em sua vida, e não seus filhos, e outra, ela não irá acompanhá-lo de volta para casa se você insistir em levar o menino junto.

– Padre, faremos o seguinte: deixarei o Ramon sob seus cuidados por alguns dias; vou levar minha mulher e pensar com calma em algum jeito para resolver essa situação, depois eu volto para buscar meu garoto – padre Euzébio, que conhecia bem o gênio difícil de meu pai, perguntou:

– Filho, o que você pretende fazer com sua mulher?

– Por que me pergunta isso, padre?

– Porque sei que você escolheu ficar com seu filho, porque sei a vida devassa que você leva e porque o conheço o suficiente para saber que você não pensaria duas vezes antes de dar um fim na vida de sua esposa.

– Como já disse, padre, minha dívida com Deus já está muito alta, não quero aumentá-la ainda mais com o sangue de minha mulher em minhas mãos, apesar de ser obrigado a confessar que essa ideia já me passou muitas vezes pela cabeça. Mas pode ficar tranquilo, pois vou resolver tudo, só peço que cuide do meu garoto por alguns dias – dizendo isso, foi até minha mãe e falou:

– Vamos para casa, mulher.

Ela olhou para ele, dizendo:

– Já disse que não irei morar na mesma casa com seu filho.

– Ele é nosso filho – falou meu pai indignado.

– Você não percebe que esse menino é o demônio em forma de gente, que ele veio a esta vida para me destruir? Ele me separou de você, ele me separou do meu filho Karlo, eu o odeio e não irei viver no mesmo teto que ele.

– Vamos logo, ele vai ficar sob os cuidados do padre Euzébio.

Nunca vi minha mãe tão feliz e nunca me senti tão revoltado ao acreditar que meu pai me abandonaria pela minha mãe; tentei argumentar, mas ele nada respondeu, apenas pegou minha mãe pelo braço e saiu. Ela estava satisfeita e, olhando para mim, falou ironicamente:

– Demorou, mas me livrei de você e, desta vez, é para sempre... – e saiu rindo. Todos olhavam para nós sem entender direito o que estava acontecendo.

Vi meus pais indo embora e perguntei para padre Euzébio:

– Por que meu pai me abandonou, padre, o que fiz de errado?

– Nada, meu filho, não se preocupe, ele só está fazendo isso para sua mãe poder voltar para casa sem confusão, depois ele volta para buscá-lo. Ele me pediu para ficar com você por alguns dias até resolver algumas coisas com sua mãe, só espero de verdade que seu pai não faça nenhuma besteira. Mas, mudando de assunto, enquanto você estiver aqui, trate de me obedecer e também vai me ajudar na igreja com os fiéis; quem sabe pegue o gosto por uma vida de santificação e esqueça o mundo de pecado no qual seu pai está infiltrando você.

Balancei a cabeça concordando com tudo que o padre falava, mas no meu íntimo sabia que eu pertencia ao mundo que meu pai me apresentava e não a esse que o padre queria que eu pertencesse. Talvez minha mãe estivesse certa, talvez eu realmente fosse a personificação do mal.

Meu pai voltou para me buscar depois de uma semana e posso garantir que esta foi a semana mais longa de toda minha vida. Mas para padre Euzébio foi reveladora, pois vendo meu senso de disciplina e obediência, teve a plena convicção de que minha missão nesta terra era o sacerdócio, e a partir daí começou a traçar seus projetos a meu respeito.

Minha vida logo voltou ao normal, com exceção de que agora não tinha mais meu irmão e minha mãe estava presa em um quarto no sótão. Ela gritava dia e noite maldições a meu respeito, e sabe, acredito que a maior parte de suas maldições atingiu seu objetivo, pois minha vida foi sempre, sempre mesmo, muito complicada. Mas como dizia, minha vida retornou ao que era antes, só que agora não havia mais nada que detivesse meu pai; afinal, meu irmão estava morto, minha mãe enclausurada. Eu me tornei seu amigo de farra, chegávamos mesmo a ficar dias fora de casa, pois meu pai não devia satisfação de sua vida a ninguém, porque minha mãe se tornou apenas a louca do sótão, sem voz, sem vontade própria, sem dignidade.

Estávamos um dia num bordel, quando meu pai chegou sério para mim, com uma moça ao seu lado, e disse:

– Filho, você já está com 11 anos, não irei cometer com você o mesmo erro que cometi com seu irmão.

– O que o senhor quer dizer, meu pai? – perguntei confuso, pois meu pai já estava totalmente alcoolizado e parecia não dizer coisa com coisa. – Não estou entendendo...

– Então serei bem claro, está na hora de você virar homem. Já acertei tudo com a Brigit, ela vai se encarregar de ensinar tudo, passo a passo, a você. Então trate de prestar atenção e fazer tudo como ela ensinar; pode confiar nela porque é bem experiente.

Naquele momento senti o rosto corar, eu sabia o que meu pai queria que eu fizesse, mas não me sentia pronto, estava assustado; além disso aquela mulher tinha idade para ser minha mãe, mas ela me pegou pela mão e me puxou até o quarto.

Eu nunca tinha entrado nos quartos antes, sempre permaneci aguardando meu pai no salão. Brigit segurava firmemente minha mão quando entramos por uma porta vermelha. Pude ver que o quarto nada mais era que um lugar escuro, com um cheiro enjoativo de perfume barato no ar. Lembro-me de ela ter começado a tirar minha roupa e tocar meu corpo, enquanto minha cabeça ia ficando mais e mais pesada. Aquele cheiro enjoativo começou a embrulhar meu estômago, fui me sentindo invadido, agredido, violado e, para piorar, meus ouvidos começaram a chiar, tive a sensação de que se não saísse naquele instante ia desmaiar, ou pior, ia morrer. Então, sem pensar duas vezes, puxei o lençol e me enrolei nele, e corri para o salão chorando à procura do meu pai; encontrei-o rindo e se divertindo com várias mulheres numa mesa de canto. Quando me viu enrolado no lençol e chorando, ele ficou enfurecido; nunca vi meu pai tão bravo como naquele dia; ele se levantou cambaleando, veio até mim e me deu uma bofetada, puxou o lençol que me cobria, deixou-me nu na frente de todos e disse:

– O que você pensa que está fazendo, desobedecendo e me envergonhando na frente de meus amigos? Agora volte lá e faça o que eu mandei; afinal, paguei muito bem para ela tornar você um homem; portanto, só volte aqui quando for um, porque se voltar antes disso, vai apanhar de cinta como nunca apanhou na vida.

Com essas palavras ele me empurrou para longe e eu voltei, nu e envergonhado, para o quarto em que Brigit me aguardava; ela não me perguntou nada, apenas deixou tudo mais escuro do que já era. Nessa noite senti o restante da minha inocência se esvair de mim, mas fiz o que meu pai havia me ordenado. Quando retornamos ao salão principal, Brigit, que havia se sensibilizado com tudo pelo que eu havia passado, dirigiu-se até meu pai e disse:

– O senhor está de parabéns, seu filho é um homem de verdade, provavelmente saiu ao pai – e saiu sorrindo e dançando pelo salão. Meu pai se ergueu sorrindo, abraçou-me e falou:

– Este é meu filho, a bebida hoje é por minha conta! – uma caneca também foi trazida para mim; naquele dia eu e meu pai chegamos embriagados em casa.

Acordei três dias depois na minha cama, com o médico da família ao lado. Meu pai não contou nada do que aconteceu para o doutor e eu, além de ainda me sentir envergonhado, também sabia que este era mais um segredo entre meu pai e eu; concordei com a cabeça quando o doutor me disse:

– Sua doença foi emocional, parece que você ainda não se recuperou da perda de seu irmão, de forma tão trágica, e da loucura da sua mãe.

O doutor sorriu para mim e, entregando uma receita para meu pai, falou:

– O garoto é forte, ele vai ficar bem, arrume algo para que ele possa se divertir.

E meu pai respondeu sorrindo:

– Pode deixar, doutor André, já estou providenciando.

– Ótimo, então estou indo, pois tenho vários pacientes para visitar ainda hoje – e doutor André partiu, deixando-me com meu pai.

Meu pai me deixou em casa, aos cuidados das escravas, enquanto saía para suas noitadas; afinal, ainda precisava me recuperar, eu estava tão traumatizado com a última experiência, que até gostei de ficar em casa. Mas um dia meu pai chegou e, vendo-me distraído com um livro, disse:

– Parece que você já está bem melhor, descanse mais esta noite, pois amanhã você já vai sair cedo comigo para trabalhar.

Guardei o livro e fui dormir; no dia seguinte, sem que meu pai mandasse, pulei cedo da cama. O café estava na mesa e meu pai me aguardava em seu escritório, tomei meu café e fui ter com ele:

– Tome este dinheiro... – falou meu pai, entregando-me uma bolsa cheia de moedas.

– Vamos até a fazenda do seu Antunes; chegando lá quero que você examine como lhe ensinei a fazer uma escrava novinha, com a qual você simpatize, para trabalhar aqui na casa-grande. Quero ver se aprendeu tudo o que foi ensinado para você até hoje, e procure fazer um bom negócio, pois o que sobrar deste dinheiro vai ficar para você.

– Sim, senhor – respondi todo empolgado; em seguida partimos para realizar minha primeira grande compra.

Chegamos à fazenda de seu Antunes e ele já nós aguardava, com bolo e café; apesar de ter comido antes de sair, comi novamente, pois estava tudo com uma cara muito boa; meu pai conversou um pouco, colocando as notícias em dia, e depois ele falou para seu Antunes:

– Hoje o amigo não vai fazer negócio comigo, hoje o amigo vai fazer negócio com o meu menino, eu não vou me meter, só vou assistir a tudo bem quietinho, do meu canto.

Seu Antunes, sorrindo, dirigiu-se a mim perguntando:

– E então... O que é que o sinhozinho vai querer?

Fiquei me sentindo todo importante ao ser tratado pelo diminutivo do título pelo qual meu pai era conhecido por toda nossa cidade, e falei empolgado:

– Estamos à procura de uma escrava bem jovem e bem afeiçoada, para estar ajudando no trabalho da casa-grande.

Seu Antunes se dirigiu ao capataz de sua fazenda e falou:

– Você escutou o moço, prepare as meninas todas no terreiro que já vamos lá, para ele examinar e escolher a mercadoria que melhor agradá-lo.

– Sim, senhor! – respondeu o capataz, saindo apressado para fazer o que lhe foi ordenado.

Enquanto isso seu Antunes nos mostrava, de modo animado, sua fazenda e as últimas melhorias feitas nela; Quando chegamos ao terreiro, as meninas estavam todas nuas e em fila; examinei aquelas de que mais gostei do jeito que meu pai me ensinou, até chegar a uma pela qual senti interesse. Era uma um pouco mais nova do que eu; apesar de negra tinha os olhos azuis da cor do mar, o pai tinha morrido alguns anos antes, picado por uma cobra, e a mãe foi vendida meses atrás para um fazendeiro de outra cidade.

Depois de revelar meu interesse, passamos para a negociação do preço; senti-me orgulhoso pelo que consegui pela mercadoria – pois era assim que eram tratados os negros naquela época –, menos da metade das moedas que meu pai havia me dado.

Voltamos para casa com meu pai todo orgulhoso ao meu lado, por eu ter feito um bom negócio; entregamos a pequena Querência aos cuidados de Maria, escrava de confiança, que foi orientada pelo meu pai a dar banho, vestir uma roupa bonita e deixar a menina nos aguardando na sala à noite quando voltássemos para a fazenda.

Saímos novamente e fomos para a cidade fazer compras; antes de sairmos da carroça, meu pai me disse:

– Filho, antes de descermos quero dizer que está de parabéns; portanto, vou dar esta escrava de presente para você; então, aproveite e compre algum presente para dar a ela quando chegarmos em casa. Ah! Mas pague com o seu dinheiro; afinal, a escrava é sua e quem vai dar o presente é você.

Fiquei contente com o elogio recebido e fui ajudar meu pai a fazer as compras para a fazenda; também aproveitei e comprei, com o meu dinheiro, um presente para Querência; na realidade comprei três: um perfume, um laço de fita e um corte de tecido. Mas, a bem da verdade, não entendi direito por que meu pai me deu de presente uma escrava, mas quem era eu para questionar um presente do meu pai.

A cidade não ficava muito distante da fazenda; mas quando chegamos novamente em casa, já era hora do

Infância Perdida 35

jantar; antes do jantar, porém, fui tomar um banho e meu pai falou para Querência:

– Menina, vá ajudar seu senhor a tomar banho, esfregue bem os pés dele porque está cascudo... – e rindo saiu da cozinha abraçado com Maria.

Eu não gostei nada da ideia de ter uma menina me dando banho, mas depois do que tinha passado com Brigit, não questionei e obedeci ao meu pai; deixei Querência me banhar e ajudar a me secar, o que no final acabou até sendo divertido.

Descemos depois para jantar, meu pai já havia se lavado e também estava à mesa. Maria nos serviu, chamou Querência e as duas se retiraram. Não estávamos com muita fome, afinal havíamos comido na rua, portanto, terminamos rapidamente a refeição; meu pai me convidou para tomar um café com ele em seu escritório, e estávamos conversando e terminando o café quando Maria bateu à porta. Meu pai ordenou para que entrasse e ela, sorrindo, toda faceira, disse:

– Senhor, já fiz o que me mandou... – ao que meu pai respondeu:

– Ótimo, já estamos indo.

E, dirigindo-se a mim, ele falou:

– Filho, hoje você me provou que realmente está se tornando um homem de verdade; para terminar com "chave de ouro", quero que vá até seu quarto, pois sua escrava, a menina Querência, já está esperando você na sua cama. Quero que faça com ela tudo que Brigit lhe ensinou; eu estarei esperando você na sala para tomarmos um vinho antes de nos recolhermos; por favor, não vá me envergonhar, pois se você fizer como naquele dia, eu ponho você e Querência no tronco.

Subi até meu quarto e encontrei Querência nua na minha cama, tive medo, mas sabia que se não fizesse o que meu pai mandou, com toda certeza ele faria o que me prometeu. Então, mesmo a contragosto, fui e tive relação sexual, tal qual Brigit me ensinou, só que desta vez com Querência que, preparada por Maria, aceitou tudo calada como uma ovelha ao ser entregue ao matadouro. No final ela permaneceu em silêncio, olhei para a cama e o lençol estava todo sujo de sangue, entrei em desespero e saí correndo; encontrando Maria e meu pai conversando na cozinha, falei desesperado:

– Acho que a matei, o lençol está todo sujo de sangue.

Meu pai e Maria subiram juntamente comigo, Maria descobriu a menina e falou para meu pai ao ver o lençol sujo:

– A menina ainda era virgem.

Antes que Maria e Querência saíssem do meu quarto, meu pai me falou:

– Você não tinha um presente para dar a sua amiga de brincadeiras?

Corri até minha escrivaninha e peguei o pacote com os presentes, entreguei para Querência que abriu e saiu toda feliz. Para ela aquilo era uma preciosidade, e posso dizer que este foi apenas o primeiro presente de muitos que lhe comprei, assim como aquela noite foi apenas a primeira de muitas em que estivemos juntos. Eu aprendi mais do que gostar daquela menina, aprendi a amá-la, independentemente da sua cor ou da sua condição, e ela também me amava. Nos nossos devaneios infantis fazíamos planos de quando mais velhos nos casar, ter nossa própria casa, nossa vida.

O tempo passou rápido e eu estava com 14 para 15 anos quando meu pai me falou:

– Garoto, se prepare, pois você terá que ir até o povoado vizinho, preciso que negocie umas terras para mim. Demore por lá o tempo que for preciso, mas retorne com a venda feita, preciso deste dinheiro para colocar umas contas em dia.

Eu, que sempre obedecia prontamente ao meu pai, fui até meu quarto e arrumei tudo para sair logo cedo, depois deitei com Querência e logo pegamos no sono; no dia seguinte, antes de o sol nascer, já estava em pé tomando meu café.

Despedi-me de Querência jurando amor eterno e parti sem me despedir do meu pai, pois ele não havia passado a noite em casa, o que era uma constante em sua vida. Mas há muito que ele não me levava mais em suas aventuras noturnas e eu não me queixava, pois me sentia muito bem em companhia da minha Querência, a quem já amava como minha mulher apesar de, no fundo, eu e ela não passarmos de duas crianças.

Minha mãe, por sua vez, estava cada vez mais silenciosa, ela não ficava mais gritando e me amaldiçoando. Desde que meu pai a prendeu por dois dias com grilhões à cama, ela se fechou nela mesma, ferida no seu brio de esposa e mulher; eu, por minha vez, nem me aproximava do quarto, mas agradecia a Deus por não tê-la mais gritando a me amaldiçoar.

A viagem foi tranquila, permaneci quase uma semana fora de casa, mas consegui fazer um ótimo negócio para meu pai. Morria de saudades de Querência e não via a hora de retornar para seus braços, e foi com grande ansiedade que retornei para casa. Porém, o que me aguardava dilacerou meu jovem coração e marcou à brasa minha alma.

Cheguei todo feliz em casa e encontrei meu pai na varanda, contei-lhe sobre o negócio por mim realizado e ele me parabenizou orgulhoso. Entrei em casa para guardar minhas coisas e rever minha amada Querência, mas não a encontrava em nenhum lugar, meu coração estava apertado dentro do meu peito sentindo que algo ruim havia acontecido, foi quando encontrei Maria e inqueri a respeito de Querência; ela nada me respondeu, apenas olhou em direção à porta. Eu me virei e dei de cara com meu pai me olhando. Então lhe perguntei onde estava Querência, ao que me respondeu friamente:

– Querência não tinha mais serventia, então a vendi. Apareceu um bom negócio e não pude perder.

Senti o coração congelar dentro do peito e, ao mesmo tempo, meu sangue parecia ter se tornado fogo me queimando por dentro, enquanto percorria todo meu corpo. Minha cabeça girava e meu corpo não me obedecia, uma raiva incontida tomou conta de mim. Eu me apoiei na parede e procurei um lugar para sentar, olhei para meu pai e senti todo o desprezo dele por mim naquele momento, que só não era maior do que o ódio que eu estava sentindo por ele, mas só consegui lhe fazer uma pergunta:

– Por que, pai? Por que o senhor fez isso comigo? Eu a amava, eu a amava como nunca amei ninguém, e ela me amava como eu nunca fui amado em toda minha existência. Por que o senhor fez isso comigo... Por quê?

Meu pai me olhou com desdém e disse:

– Por acaso você chegou a pensar que eu permitiria a sua união com uma escrava? Nunca, jamais! Preferia estar morto a passar pela humilhação de ver meu filho casado, ou melhor, juntado com uma escrava, como se já não me bastasse você viver protegendo os escravos da fazenda e levando coisas escondidas para eles na senzala, ou você achou que eu não sabia? Sei exatamente tudo que acontece na minha casa e, além do mais, você jamais receberia as bênçãos de Deus. E falando em Deus, você jamais poderá se casar nem com Querência nem com ninguém, pois conversei com o padre Euzébio e está decidido, você vai se dedicar, exclusivamente, às coisas de Deus; você vai ser padre.

– Mas eu não posso ser padre... – falei desesperado. – Não tenho vocação para o celibato.

Meu pai riu e falou:

– Acho que nem o padre Euzébio tem, mas isso não vem em conta, portanto está decidido, você vai ser padre sim e pode começar a preparar suas coisas. Despeça-se da sua mãe se assim desejar, pois amanhã logo cedo o padre vem buscá-lo para você ficar com ele na paróquia; daqui a alguns meses, será enviado para o seminário em Roma. E não quero saber de discussão, eu já decidi e está decidido. Além do mais, já estou preparando um lugar num asilo para loucos para colocar sua mãe, e em breve uma nova senhora Bonvivary será a rainha deste lar, já falei com padre Euzébio e ele concordou.

Olhei indignado para meu pai e perguntei:

– Em troca de uma gorda quantia e de eu me tornar padre...

Ao que meu pai me respondeu:

– Tudo nesta vida tem um preço, acostume-se a isso – virando-se, ele se retirou me deixando sozinho com todo meu ódio; falei para mim mesmo:

– Realmente, tudo na vida tem seu preço e em breve o senhor pagará por tudo, eu juro – nesse momento não vi, mas estava sendo completamente envolvido por uma nuvem negra que mudaria para sempre minha vida.

Ideias começaram a tomar forma em minha mente, o ódio fazia com que meu cérebro trabalhasse melhor e mais rápido, uma ideia macabra começou a crescer dentro de mim e, o pior de tudo, eu sabia que iria colocá-la em prática.

Fui até meu quarto e arrumei todas as minhas coisas, como meu pai havia me ordenado. Deitei na cama e chorei muito pela perda da amada da minha vida. Cansado de tanto chorar, peguei no sono e sonhei com meu irmão todo de branco, parado à porta do meu quarto. Ele não me dizia nada, apenas me olhava muito sério e balançava a cabeça, negativamente. Lembro-me de ter pensado que ele havia se tornado médico, senti alegria por ele e imaginei que pelo menos um de nós foi feliz; nisso acordei, antes mesmo de o primeiro raio de sol invadir o negro céu para torná-lo dia. Pensei: "estas são as últimas horas que passo nesta casa amaldiçoada; vou partir e enfrentar minha igualmente maldita sina neste mundo".

Levantei e desci os degraus em silêncio, tomei meu café e me lembrei de Querência, pensei aflito onde ela estaria agora. Olhei na mesa e num canto dela vi a arma do meu pai; levantei-me calmamente, fui até ela, peguei-a e examinei, verificando que estava carregada. Então, com a arma em punho, dirigi-me até o quarto de meu pai; ele dormia tranquilamente, apontei a arma em sua direção e imaginei como seria fácil matá-lo, mas algo parecia me dizer para eu não fazer aquilo, para não destruir minha vida; em seguida, ainda tonto, saí do quarto com muita raiva de mim mesmo, por não ter coragem de matá-lo.

Foi quando olhei em direção ao local em que minha mãe ficava e uma ideia me veio à mente; cheguei até a porta do seu quarto, peguei a chave que ficava pendurada do lado de fora, abri e entrei iluminando o aposento; ela se sentou na cama e me olhou com desprezo, sem dizer uma única palavra. Então, dirigi-me a ela dizendo:

– Mãe, estou indo embora como a senhora desejava, meu pai está me mandando para a igreja para que eu me torne padre.

Ela, olhando para mim, falou baixinho com desprezo:

– O demônio querendo garantir um lugar no céu.

Procurei ignorar seu comentário cítrico e sua expressão de felicidade por saber que eu estava indo embora, mas ela continuou dizendo:

– Parece que seu pai percebeu que em todos esses anos eu estava com a razão, até que enfim, agora vou poder voltar a ter uma vida normal, com você longe de nós; só sinto pena da igreja para onde você será mandado, padre do demônio... – falou mordaz.

Se eu ainda tinha alguma dúvida sobre o que estava planejando fazer neste momento, minhas dúvidas todas se esvaíram; olhei para ela sorrindo e disse:

– A senhora por acaso acha que ele está me mandando ser padre por causa da senhora? Pois está muito enganada; afinal, a senhora também não ficará nesta casa e irá para um lugar ainda pior do que o meu... – virei-me como se fosse deixar o quarto, então ela me perguntou:

– O que você está insinuando? Seu maldito demônio! – com satisfação lhe respondi:

– Meu pai me entregou para a igreja juntamente com mais uma bela quantia de dinheiro, para que o padre Euzébio o liberasse para colocar a senhora num asilo para loucos, e assim poder se casar novamente; afinal, ele não poderá trazer sua jovem bela e não maluca nova esposa com a senhora ainda aqui, assombrando a casa. Como pode ver, eu vou embora, mas a senhora também não vai ficar.

– Ele não pode fazer isso comigo, não pode. Sou sua esposa, mãe de seus filhos, ele não pode me jogar num asilo, o que será da minha vida? – replicou desesperada, e eu aproveitei para feri-la ainda mais em seu ego, dizendo:

– Uma esposa louca, que ele não procura há muitos anos como mulher, preferindo se deitar com escravas e prostitutas, mãe de um filho que está morto, e de outro que nada mais é do que um demônio. Ele precisa de uma bela esposa para apresentar à sociedade e a senhora se tornou apenas a louca; como podemos ver, nós dois perdemos, pois a senhora ele não quer por perto nem o filho demônio, mesmo que este seja o único que lhe restou.

Nesse instante ainda inventei:

– E pelo que soube, ele já tem um novo herdeiro a caminho.

Nesse instante ela se desesperou ao imaginar seu triste fim e começou a chorar, e olhando a arma do meu pai na minha mão disse:

– Por favor, se existe um pingo de piedade no seu coração, mate-me... – pediu-me com lágrimas de desespero. Então lhe disse:

– Se eu tivesse que matar alguém, seria meu pai, por isso fui até o quarto que um dia foi de vocês, mas que hoje é apenas dele; ele estava dormindo, mas não tive coragem, decidi seguir meu caminho. Quanto a matar a senhora, não me interessa, quero mais é vê-la enfurnada num asilo para loucos, mas para mostrar que não sou tão mal, vou deixar a arma aqui perto. Se quiser se matar que faça a senhora mesma, mas no seu lugar mataria ele primeiro, já que vai perder a sua alma mesmo; que possa antes se vingar daquele que tanto a desprezou e humilhou. A senhora perdeu seu filho tão amado, sua liberdade, e como se não bastasse ele ainda a está trocando por outra. Ou quem sabe a senhora seja tão incapaz quanto eu e não tenha coragem de matá-lo e decida seguir seu destino vivendo num asilo fétido, destinado aos loucos, ou quem sabe apenas se mate, deixando o caminho livre para a nova senhora Bonvivary.

Deixando a arma sobre uma cômoda, disse antes de sair do quarto de minha mãe:

– A arma está aqui e a porta está apenas encostada, faça o que achar melhor, e quanto a mim, adeus... Eu me retirei encostando a porta e colocando a chave de volta no seu devido lugar; em seguida me fechei em meu quarto, aguardando o desenrolar dos fatos.

Não demorou muito para eu ouvir passos pelo corredor vindo em direção ao meu quarto, ela tentou abrir a porta, mas esta se achava trancada; os passos continuaram

44 **Exu Caveira**

agora em direção ao quarto de meu pai. Nesse momento, os primeiros raios de sol já invadiam o céu, trazendo o dia com tudo o que ele reservava. Ouvi quando a porta do quarto de meu pai se abriu lentamente, então saí em silêncio do meu e fiquei espionando o que iria acontecer.

Quando minha mãe se aproximou da cama, meu pai acordou. Ao vê-la na sua frente, armada, ele pegou rapidamente a faca que deixava sempre próxima à sua cama e foi para cima dela, conseguindo desferir um golpe certeiro em seu peito. Porém, antes de cair, minha mãe disparou a arma, fazendo com que o projétil atingisse, em cheio, o peito de meu pai, que também caiu perto dela. O barulho do tiro acordou Maria e os outros escravos que viviam conosco na casa-grande, que vieram correndo para ver o que acontecia; a primeira a chegar foi Maria.

Fingi estar chegando naquele momento, também, e entramos juntos, encontrando minha mãe já morta com a faca cravada em seu peito, e meu pai caído morto com um tiro certeiro no coração.

– Que tragédia, meu Deus, que tragédia! – gritava Maria, desesperada. Dirigindo-se a Antônio, um escravo de confiança da casa, que sempre foi meu amigo e grande companheiro desde criança, Maria falou:

– Corra, Antônio, pegue o cavalo mais ligeiro e vá até a fazenda do doutor André, peça para ele vir com urgência, depois vá até a fazenda do delegado e conte o que ocorreu na fazenda do sinhô dom Inácio.

Enquanto Maria delegava o que cada um devia fazer, fiquei parado, olhando a cena, fingindo consternação, mas no meu íntimo só estava imaginando que a partir de agora estava livre, não precisaria mais ir para o seminário e poderia seguir em busca da minha amada Querência. Então, em determinado momento, Maria se dirigiu a mim e falou com raiva:

– O que você fez, menino? Você destruiu sua própria vida, você destruiu sua família. Dom Inácio não merecia isso, ele era um homem bom, a polícia será avisada e você vai pagar caro pelo que fez; dona Carolina, sua mãe, sempre teve razão, você não passa de um demônio.

Maria era a escrava preferida de meu pai, ela sabia ler e escrever, meu pai já a tinha antes de se casar com minha mãe e a trouxe com ele. Minha mãe, por sua vez, sempre detestou Maria e sempre brigou com meu pai para que ele a vendesse, mas meu pai ria dizendo ser mais fácil ela sair da casa do que Maria.

Quando meu pai não estava com as mulheres da vida ou com minha mãe, era com Maria que ele estava, a sua escrava de luxo, e Maria, por sua vez, era apaixonada por meu pai e por tudo que ele lhe proporcionava. Quando meu pai colocou minha mãe enclausurada naquele quarto, Maria assumiu o papel de dona da casa, o qual ela sabia estar prestes a perder por minha causa e nada a impediria de se vingar de mim. Maria estava tão cega pelo ódio que se esqueceu de algo fundamental: seria a minha palavra contra a dela, uma simples escrava. Mas de uma coisa me dei conta naquele momento: meu sonho de liberdade estava acabado, não poderia ir atrás de Querência, pois se fizesse isso, todos desconfiariam de que Maria estava a dizer a verdade e que fui eu o responsável pela morte de meus pais, daí pensei: "não tenho alternativa, vou ter que virar padre".

Nesse instante entra apressado no casarão padre Euzébio, seguido pelo doutor André; pouco depois chegou, também apressado, o delegado.

Doutor André correu até meus pais para constatar que eles já estavam mortos; enquanto isso Maria gritava ter sido eu o grande responsável por aquela tragédia. Padre Euzébio me protegia dizendo ser impossível o que a escrava estava dizendo; o delegado não conseguia entender ninguém, então gritou por silêncio e pediu que eu o acompanhasse até o escritório de meu pai, para podermos conversar com calma; padre Euzébio me acompanhou. Antes de sair, falei maliciosamente para Maria, já sabendo qual seria sua resposta:

– Maria, prepare um café para todos – ela me olhou com desprezo dizendo:

– O senhor é um assassino e não manda em mim; se deseja café faça o senhor mesmo, onde já se viu matar um homem tão bom por causa de uma escrava qualquer.

Ri interiormente e pensei: "você acaba de cavar a sua própria sepultura... – sem dizer mais nada segui o delegado e o padre, de cabeça baixa, até a biblioteca, onde entramos e fechamos a porta.

– Então, meu jovem, o que você tem a dizer a respeito das acusações feitas pela escrava?

– Eu só tenho a dizer que sou inocente. Maria está transtornada, como os senhores puderam perceber, mas o senhor delegado conhecia muito bem meu pai e sabe que o que irei dizer agora não é mentira. Meu pai tinha um caso com Maria e, por conta disso, ela sempre teve uma situação privilegiada aqui nesta casa, até com mais destaque do que minha própria mãe; acredito que em sua mente Maria achou que meu pai estava mandando minha mãe para um asilo e eu para um seminário com a intenção de ficar com ela, de assumi-la publicamente, o que tenho certeza absoluta nunca aconteceria. Portanto, quando soube que meu pai colocaria outra mulher nesta casa ela ficou transtornada, acredito até que ela possa ter contado para minha mãe os novos planos de meu pai, o que deixou minha mãe mais perturbada. Acredito, também, que foi ela quem deixou a porta do quarto de minha mãe aberta; afinal, somente ela nesta casa tinha acesso a minha mãe. E tudo isso, somado ao fato de meu pai sempre deixar armas espalhadas pela casa, acabou dando nesta tragédia – falei fingindo desespero e comoção, ao que padre Euzébio e o delegado procuraram me consolar.

– E o que o leva a crer que Maria tenha feito isso? – perguntou o delegado.

– A reação dela, doutor Fidelis. A obsessão dela em se defender, jogando a culpa em mim; posso até estar enganado, mas Maria nunca aceitou ser tratada como escrava e, também, nunca se portou como uma; ela, nos últimos tempos, considerava-se a nova senhora Bonvivary. Os senhores mesmos puderam perceber como ela se alterou só de eu pedir que preparasse um café para os senhores.

– Diga-me, jovem, baseada em que mais ela está fazendo estas acusações contra você? – indagou o delegado.

– Meu pai me deu uma escrava de presente e enquanto eu estava fora, realizando um negócio que ele me determinou, meu pai a vendeu sem me consultar. Fiquei chateado com meu pai; afinal, eu me apeguei muito a Querência e não achei justo ele vendê-la sem antes me consultar; mas, em nenhum momento, o desrespeitei ou o ameacei, e todos os outros escravos estão de prova. E ela, também, acredita que não quero ir para o seminário como era o desejo de meu pai.

–E agora que seu pai morreu, o que o senhor pretende fazer? Ir ser padre, como era o desejo dele, ou pretende ir atrás de sua escrava? – perguntou o delegado analisando, friamente, a situação.

– Claro que irei ser padre; afinal, este foi o último desejo de meu pai.

– Viu, delegado – falou o padre Euzébio. – Se o rapaz tivesse agido como o insinuado pela escrava, ele não teria por que estar preocupado em fazer a vontade do pai; Maria realmente deve estar perturbada, além de não saber o lugar dela.

– Padre, o senhor tem razão, mas antes de fechar toda esta situação constrangedora e desagradável, gostaria de conversar com os escravos, para depois ninguém dizer que fiz meu trabalho pela metade. Ramon, você agora é o responsável por tudo deixado pelos seus pais, me permite andar pela fazenda e questionar sobre o ocorrido aqui?

– Claro, delegado, fique à vontade; afinal, não tenho nada a ocultar, e padre, por favor, será que eu poderia ficar aqui mais uns dias antes de ir com o senhor? Gostaria de colocar algumas coisas em ordem e depois discuti-las com o senhor. Afinal, de acordo com a vontade declarada em vida pelo meu pai, o senhor é meu guardião até eu alcançar a maioridade.

Infância Perdida

– Você tem me provado ter muita maturidade para sua idade, por isso vou permitir, mas qualquer coisa é só mandar me chamar que venho imediatamente... – falou padre Euzébio que em seguida se despediu de todos ali, abençoando cada um, e retornou para sua paróquia, para de lá aguardar por mim, seu jovem e decidido pupilo.

Permaneci na fazenda tempo suficiente para descobrir que Querência não tinha sido vendida como me foi contado, mas que ela havia sido abusada sexualmente pelo meu pai e depois assassinada por ele, e jogada em um rio próximo com a ajuda de Maria. Fiquei indignado, enojado e revoltado, mas sabia que nada do que fizesse traria minha Querência de volta; e de certa forma sua morte estava praticamente vingada. Pensei em matar Maria também, mas isso só complicaria minha situação, então resolvi fazer algo bem pior para ela, acostumada a mandar e que não sabia o que era ser escrava, pois desde pequena foi criada por meus avós com muito carinho. Depois que eles morreram, ela permaneceu sempre ao lado de meu pai que realizava todos seus desejos, exceto sua carta de alforria.

Eu a vendi, juntamente com todos os demais escravos da fazenda, e deixei que a vida seguisse seu curso e decidisse o que seria de Maria. Vi quando Maria foi levada e o seu olhar de desespero; eu seria escravo da igreja graças às suspeitas levantadas por ela sobre mim, mas ela também não seria livre. Coloquei a fazenda à venda, pois sabia que havia vários interessados, depois peguei minhas coisas e parti para a paróquia de padre Euzébio; afinal, após descobrir o fim trágico de Querência, não havia por que fugir do meu destino. Por que, então, não tirar o melhor proveito dele?

Vivendo
à Sombra de Deus

    Padre Euzébio ficou muito satisfeito quando cheguei à sua paróquia, deixou-me descansar por alguns dias para que pudesse me recuperar das perdas recentes, e para que me adaptasse ao novo estilo de vida que teria dali em diante. Aos poucos começou a me engajar na rotina da igreja; comecei acompanhando-o em visita aos fiéis, depois passei a ajudá-lo nas missas e logo estava tendo aulas preparatórias. Padre Euzébio era uma boa pessoa, apesar de um tanto misterioso; além de administrar o meu dinheiro como se fosse dele, costumava me dizer com frequência:
    – Ramon, você tem muitos pecados, cometeu muitos erros em sua vida, mesmo que eles tenham sido induzidos por seus pais. Você tem uma dívida muito grande aos olhos de Deus, por isso estou fazendo uso de seu dinheiro com benfeitorias para a igreja e com assistência às pessoas necessitadas; afinal, você será um servo de Deus, e como

tal, não precisará de muito para sobreviver. Além do que, o fato de você não ter muito dinheiro não o levará a cair na tentação de deixar as coisas de Deus e seguir os desejos da carne e do mundo.

Para ser bem sincero, pouco me importava o dinheiro de meus pais e muito menos o que padre Euzébio fazia com ele. Pela primeira vez, por mais incrível que possa parecer, estava em paz. Era como se eu tivesse saído de um turbilhão e adentrado na paz e na calmaria, que era estar na casa de Deus; mas essa paz, infelizmente, não duraria muito; afinal, com a convivência, as pessoas acabam por se revelar, e com padre Euzébio não seria diferente...

Os dias passavam tranquilos, padre Euzébio em suas orações, com suas obras assistenciais, suas missas e seus desaparecimentos repentinos; enquanto isso eu permanecia tranquilo e obediente, sem jamais questionar qualquer atitude dele. Mas tudo começou a mudar com a visita de bispo Jeremias, um senhor muito agradável e amistoso, que logo simpatizou-se comigo pelo meu senso de dever, de responsabilidade, de obediência à hierarquia.

Simpatizou tanto que chegou a comentar em tom profético:

– Esse garoto que o senhor tem aí, padre Euzébio, vai chegar longe; posso perceber que ele é um jovem de visão e tenho certeza de que estamos diante de um futuro papa.

Aquelas palavras ditas pelo bispo turvaram o coração de padre Euzébio, que se encheu de inveja e ciúmes, fazendo que apenas sorrisse com desdém e desconversasse o assunto. Bispo Jeremias permaneceu conosco por alguns dias e depois seguiu sua viagem de visita a outras paró-

Vivendo à Sombra de Deus

quias da região. Mas logo que ele partiu, senti a diferença no comportamento de padre Euzébio com relação a mim.

Certo dia estava arrumando a sacristia quando ele chegou e disse:

– Se é de seu desejo se tornar papa, como pude perceber pelas suas conversas com bispo Jeremias, devo começar a prepará-lo agora.

Dizendo isso, ele me pediu com voz calma e pausada para que o acompanhasse até meus aposentos; segui-o, obediente e de cabeça baixa. Ao chegar, o cenário já estava preparado: no meio do quarto, grãos de milho, nos quais ele pediu que eu me ajoelhasse, sem camisa e com as pernas da calça erguidas.

Obediente, fiz o que ele me pedia; senti vontade de chorar, mas me controlei. Ele se aproximou, entregou-me um chicotinho com uma pequena lâmina na ponta e pediu para eu rezar dez vezes a oração do Pai-Nosso e dez vezes a oração da Ave-Maria ajoelhado no milho. No final de cada oração, deveria dar uma chibatada nas minhas costas, num autoflagelo, como sinal de arrependimento pelos meus pecados, enquanto ele, sentado, observava a cena lendo seu livrinho de orações.

Foi horrível, senti muita dor, ódio e desejo de vingança; o sangue escorria pelas minhas costas, enquanto as lágrimas desciam de meus olhos e escorriam pela minha face. Quando terminei, ele fez com que eu me lavasse e jogou sobre minhas costas uma mistura de água com sal, que fez com que eu quase desmaiasse, e depois me mandou dormir em jejum para purificar minha alma.

Naquela noite rolei na cama; meu corpo queimava em febre e eu só conseguia pensar em uma coisa: vingança.

Mas, infelizmente, para mim, aquela foi apenas a primeira de muitas outras noites de torturas, que se seguiram acompanhadas de dias de trabalho pesado e humilhações; estava quase desistindo, acreditando que todo aquele suplício não teria mais fim, quando algo aconteceu.

Era madrugada quando ouvi barulho vindo do quarto de padre Euzébio; levantei devagar para ver o que estava acontecendo e caminhei no escuro, guiado apenas pela luz do luar, que invadia o local, e de um pequeno candeeiro. Ao me aproximar, ouvi gemidos baixos, abafados, vindos do quarto; achei que o padre estava passando mal, provavelmente, por causa de uma congestão; afinal, até aquele momento, eu acreditava ser a gula o maior pecado de padre Euzébio, mas, quando abri a porta do quarto e iluminei o local com o candeeiro que trazia na mão, fiquei chocado com o que vi... Padre Euzébio estava na cama, mantendo relação sexual com dona Domitila, uma viúva que não saía da igreja e agora eu entendi por quê.

Perguntei ainda chocado com a cena:

– O que isso significa? Que sacrilégio é esse dentro da casa de Deus?

Padre Euzébio pulou da cama, assustado, e dona Domitila se enrolou nas cobertas, envergonhada, por terem sido apanhados em flagrante.

Falei de forma severa, dirigindo-me ao padre que se encontrava nu na minha frente:

– Recomponha-se, padre. Vista-se e lembre-se de que o senhor é um homem de Deus, que fez votos de celibato na presença de Deus, portanto não deve ficar se dando ao desfrute, principalmente nas dependências da igreja.

Padre Euzébio ainda tentou argumentar comigo:

– Você não tem o direito de falar assim comigo; respeite-me, moleque.

– Respeitar... Quem é o senhor para exigir respeito? – e olhando para dona Domitila falei:

– E a senhora, não tem vergonha de estar prevaricando com um servo de Deus, com um padre? O seu castigo, caso a senhora não se arrependa de seus pecados, será ser envergonhada em toda a cidade e ainda queimar no inferno por toda a eternidade.

Desesperada, dona Domitila começou a chorar, então disse:

– Eu vou sair para que a senhora possa se levantar, vestir-se e deixar a casa de Deus. Vá para sua casa, onde a senhora devia estar a esta hora, juntamente com seus filhos. Quanto ao senhor, padre, trate de se recompor também.

E saí deixando os dois a sós. Somente depois que entrei em meu quarto é que comecei a me dar conta de que minha sorte começava a mudar, novamente, e que padre Euzébio, por ironia do destino, estava justamente em minhas mãos. Entendi que essa vida dupla de padre Euzébio devia vir de longa data, e compreendi o que meu pai quis dizer quando me falou que padre Euzébio não tinha vocação para o celibato.

Estava envolto ainda em meus pensamentos quando padre Euzébio adentrou o quarto irado e dizendo:

– Quem você pensa que é...? – mas antes de completar o que tinha a dizer, interrompi-o questionando:

– Quem o senhor pensa que é, para depois de se prestar a tal desfrute dentro da casa de Deus, ainda vir querer me dar lições de moral? O que o senhor acha que o bispo Jeremias diria de tudo isso se eu lhe contasse?

Padre Euzébio ficou branco na hora e perguntou assustado:

– Por acaso você esta me ameaçando, depois de tudo que fiz por você, de tudo que lhe ensinei?

Tive vontade de rir da ironia daquelas palavras, mas apenas disse:

– O padre tem toda a razão, aprendi muito com o senhor, principalmente nos últimos dias; e entendo o que aconteceu com o senhor: foi apenas uma vítima inocente do pecado da luxúria, portanto não contarei nada para o bispo quando ele retornar por estas bandas, mas o senhor tem que se arrepender, verdadeiramente, de seu pecado... E o senhor me ensinou bem o que deve ser feito nessas situações.

Então saí do quarto e voltei pouco depois, com um punhado de milho numa das mãos e o chicotinho na outra. Coloquei o milho no chão, entreguei o chicotinho para padre Euzébio e falei:

– Como prova de seu arrependimento e como seu pecado é maior que o meu, pois ainda não sou padre, ao contrário do senhor, durante um mês deverá rezar 20 Pai-Nossos e 20 Ave-Marias todos os dias; eu vou me sentar aqui perto para ajudá-lo com minhas orações.

Padre Euzébio ficou pálido e resistente, mas vendo que eu falava sério, obedeceu. Depois o ajudei no banho, jogando a salmoura nas suas costas; em seguida, mandei padre Euzébio dormir em jejum, o que, provavelmente, foi o mais difícil para ele, acostumado a

Vivendo à Sombra de Deus 57

levantar-se durante a madrugada para se empanturrar da comida que os fiéis traziam, generosamente, durante o dia. Ainda falei para padre Euzébio, antes de ele se retirar:

– Quanto a mim, minha penitência termina hoje; afinal, pelo que pude perceber, meus pecados são bem menores que os do senhor. Depois que o senhor terminar suas penitências, ou seja, daqui a um mês, voltaremos a conversar a respeito do ocorrido; e não leve mais esta senhora para o seu quarto. Quanto ao meu dinheiro que está sob sua responsabilidade, antes de o senhor fazer seja lá o que for, vai me comunicar e darei a palavra final a respeito, pois só será feito o que eu permitir. Estamos conversados?

– Sim, Ramon... – falou o padre de cabeça baixa.

– Se o senhor fizer direitinho tudo que eu determinar, o que ocorreu aqui esta noite vai ficar apenas entre mim, o senhor, dona Domitila e Deus. Agora vamos dormir que já é tarde e o senhor tem muito trabalho para fazer amanhã, pois durante esse mês, enquanto se purifica dos seus pecados, seus fiéis terão sua presença apenas na missa de domingo, pois o senhor tem que se reconciliar com Deus antes de querer reconciliar os seus fiéis. Ah! Mais uma coisa, fale para dona Domitila que, a partir de hoje, ela vai vir todo dia para a igreja, fazer o serviço de limpeza e preparar nossas refeições; e não pensem vocês que irão ficar de prevaricação, pois estarei de olhos bem atentos nos dois. Agora vamos dormir, pois amanhã será um novo dia.

O mês foi tranquilo para mim, que sem ter tanto trabalho e sessões constantes de autoflagelo, pude me aprofundar mais nos estudos, já que dona Domitila cuidava de toda a limpeza de forma impecável. Quando os demais membros da igreja a questionavam a respeito de toda aquela dedicação na limpeza, já que antes queria apenas saber de dar ordens, ela só dizia humildemediante de tudo que Ele me tem concedido.

Do meu canto sentia vontade de rir, mas permanecia sério e compenetrado nos estudos. Padre Euzébio, por sua vez, justificava seu trabalho interno a problemas de saúde, mas tranquilizava a todos dizendo que em breve tudo voltaria ao normal, pois já estava se sentindo um pouco melhor. No meu canto pensava o quanto padre Euzébio devia estar sofrendo por não ir às visitas; afinal, o que ele mais fazia nessas visitas era comer e falar da vida alheia, de Deus mesmo era apenas uma frase ou outra.

Os dias foram passando até tornarem-se um mês, então padre Euzébio e dona Domitila me procuraram para saber o que deveriam fazer; a mulher me comunicou que ao terminar a penitência que infringi a ela, iria partir dali para um povoado vizinho. Falei para ela ficar mais uma semana, deixar tudo impecável e brilhando, que depois estaria livre para partir. Dona Domitila concordou e se retirou sem dizer mais nada, deixando-me a sós com padre Euzébio, que me perguntou sobre sua situação, pois todos os dias, às 18 horas, ele se autoflagelava, depois se lavava com água com sal e dormia em jejum, ao que lhe respondi:

– A partir de hoje pode voltar à sua rotina. Ah! Mais uma coisa, eu quero que o senhor coloque tudo no papel, os gastos, os investimentos e as boas ações feitos com meu dinheiro. E quero essas informações até amanhã à noite.

Padre Euzébio confirmou de cabeça baixa, pois sabia estar de pés e mãos atados, portanto, não teria jeito, sua única alternativa era colocar tudo em pratos limpos e torcer para eu ser complacente com ele, mas antes de sair me perguntou:

– Você vai querer que eu volte a lhe dar aulas, Ramon?

– Claro, padre, mas antes quero ser colocado a par de tudo que o senhor tem feito à custa do dinheiro da minha família; e, por favor, não minta para mim, para que eu possa voltar a confiar no senhor.

Padre Euzébio voltou a confirmar com a cabeça e em seguida se retirou cabisbaixo.

Voltamos a nos encontrar novamente só na noite do dia seguinte. Padre Euzébio me trouxe tudo e foi sincero, falou-me dos donativos que tinha feito, mostrou os comprovantes da reforma feita na igreja, inclusive meu quarto, pois anteriormente só havia um aposento. Mas, também, me falou dos presentes caros que deu para dona Domitila. Tive vontade de fazê-lo pegar tudo de volta, mas senti pena, pois me pus a imaginar sob quais circunstâncias ele tinha se tornado padre; lembrei-me da minha Querência e me calei, decidi colocar uma pedra em cima de tudo aquilo. No dia seguinte chamei Domitila, logo após ela arrumar a louça do almoço, e falei que estava dispensada e livre para ir embora.

Nossa rotina voltou ao normal com padre Euzébio mais magro e eu mais seguro de mim mesmo, fazendo-me respeitado por todos, inclusive por padre Euzébio.

Os dias seguiram e num desses dias, durante uma das aulas, padre Euzébio me falou:

– Sabe, Ramon, a vida de padre não é fácil, é muito solitária. Gosto do sacerdócio, mas o celibato para mim é algo muito difícil. Desde o início sabia disso e por esse motivo relutei muito, mas meu pai me obrigou e eu vim; vou dizer uma coisa, não me arrependo, mas até hoje preciso de uma companheira e não me sinto culpado; pois, em minha opinião, não estou fazendo nada de errado, afinal Deus está em primeiro lugar em minha vida e eu o amo, acima de tudo e de todos. Portanto, posso lhe dizer que gosto muito de dona Domitila, mas não a amo, pois se a amasse, aí sim estaria pecando. Você entende isso, Ramon? O que quero realmente dizer é que você pode ter uma mulher se ninguém souber, pois os dogmas da igreja são muito rígidos, mas não pode amá-la. Por isso me encontro com Domitila às escondidas, pois aos olhos da igreja sei que não é certo, mas como não a amo, apenas gosto dela, não estou fazendo nada de errado aos olhos de Deus.

– O senhor quer dizer que tudo o que fez é correto aos olhos de Deus? – perguntei indignado, e padre Euzébio me respondeu:

– Nem tudo; a forma como o tratei, como agi de má-fé com você, foi errada aos meus olhos e aos olhos de Deus, por isso aceitei a punição imposta por você. Ter trazido dona Domitila para dentro da igreja foi errado; uma profanação à casa de Deus, uma afronta ao próprio Deus, mas estar com ela não.

– O senhor está me dizendo que como padre eu posso sair com a mulher que desejar, desde que não haja amor, porque só nos é permitido termos amor por Deus? – perguntei incrédulo, pelo que acabara de ouvir.

– Sim, mas também tem que ser discreto; lembre-se de que a vida sacerdotal é muito solitária e alguns deslizes são aceitos por Deus, desde que nos penitenciemos e peçamos perdão por nossos pecados, mas principalmente que não tenhamos amor por esta mulher, que deve nos servir apenas como um modo de liberar a tensão da difícil vida sacerdotal; você compreende isso, Ramon?

– Sim, padre, se o senhor está me ensinando, deve ser correto.

– Correto, mas não permitido pela igreja, portanto, o que estou lhe dizendo deve ser mantido em segredo.

– Entendo, padre... – falei pensativo e senti pena daquele homem que tentava justificar a si mesmo, desesperadamente.

– Agora vá descansar, Ramon, e reflita sobre as aulas de hoje – falou padre Euzébio.

– Padre, use um pouco do meu dinheiro para pagar alguém para cuidar da limpeza da igreja e da nossa alimentação, assim podemos dedicar mais tempo às coisas de Deus e aos estudos.

– Bem pensado, Ramon, vou providenciar isso amanhã sem falta. Ah! E se você não se incomodar, vou abastecer a nossa despensa também, agora vamos descansar, pois já esta tarde.

Concordei sorrindo e obedecendo ao padre, afastei-me satisfeito com o que ele me ensinou. Independentemente de ser certo ou errado, era bem conveniente saber que podia burlar o celibato no momento em que achasse oportuno, sem peso na consciência.

Quando olho para trás, penso que tudo passou muito rápido nessa fase tranquila da minha vida. Meus estudos com padre Euzébio, minha partida para Roma, os anos de estudos para me tornar padre. Minha formação no sacerdócio. Tudo foi rápido demais e quando eu menos esperava, chegou a notícia da morte de padre Euzébio, que me abalou por demais.

Por incrível que pareça me sentia protegido dentro das paredes do colégio, não sentia falta da minha vida de antes do sacerdócio, muito menos de mulheres, pois o único amor que carregava dentro de mim não pertencia mais a este mundo. Mas o que eu não sabia é que tudo estava próximo a ruir, afinal, viver em paz não fazia parte da minha sina. E foi numa tarde tranquila de outono que fui chamado até o gabinete do cardeal Bartolomeu, que me comunicou satisfeito a minha missão como padre. O cardeal iniciou seu discurso assim:

– Meu querido aluno Ramon, meu aluno favorito, você sabe que estamos vivendo tempos difíceis, tempos de devassidão e heresias. O local para onde você foi designado é uma região idólatra, pecaminosa, difícil, que fica no sul da França, mas sei que está preparado para assumir uma pequena paróquia naquele povoado e observar atentamente tudo o que se passa lá, comunicando imediatamente ao Santo Papa. Tenho muita confiança em você, meu filho; por isso estamos lhe enviando. Soube que naquele povoado existem até bruxos e bruxas disfarçados de pessoas comuns, portanto, todo o cuidado é pouco, mas Deus me indicou você como a pessoa certa para essa missão, a Santa Igreja confia em você.

– Obrigado, cardeal, pela sua confiança; estou pronto para seguir meu caminho e não irei decepcioná-lo.

Vivendo à Sombra de Deus

– Tenho certeza disso, meu filho; agora vá, prepare suas coisas que amanhã mesmo você partirá. E saiba que qualquer coisa de que precise estaremos aqui para ajudá--lo, não esqueça nunca que somos uma família em Cristo Jesus, o único salvador.

Concordei e me retirei confiante para arrumar minhas coisas e me preparar para esta nova jornada. Além do mais, aquela história de bruxas e bruxos me empolgava e mexia com meu imaginário. Estava com 29 anos, cheio de energia para enfrentar o que tivesse pela frente, pelo menos era o que eu achava... Mas, se tem uma coisa que posso dizer é que, com certeza, este foi o período mais tranquilo e, também, o mais tumultuado desta minha existência, pois nele reencontrei o amor; a passionalidade que me incentivou a mentir, levando alguns inocentes à morte; a mesma passionalidade que me levou a cometer alguns crimes com minhas próprias mãos; e, principalmente, a encontrar minha própria morte aos 45 anos de idade. Portanto, se no passado já havia cometido grandes erros, outros maiores ainda estava por cometer, pois se nos erros da infância havia atenuantes, os que estavam por vir eram simplesmente injustificáveis. Mas, voltando à história...

Os anos passaram tranquilos no pequeno povoado para o qual fui designado. Era um local sereno, com um povo pacato e voltado para a agricultura, onde me dava bem com todos. Ao contrário de padre Euzébio, eu não era exagerado na alimentação, tinha uma aparência bonita e saudável para os padrões da época, sabia ser apreciado por muitas jovens do povoado e até por jovens senhoras muito bem casadas; mas, também, ao contrário de padre

Euzébio, o celibato não era algo difícil para mim, pois não me sentia solitário. Dentro do meu coração permanecia fiel à minha Querência, era como se eu tivesse sido casado e ficado viúvo de uma mulher muito amada; meu coração estava em paz e abrigado por suas belas e infantis lembranças.

Dez anos se passaram, o movimento da Inquisição começou a tomar força, novamente, atingindo grande proporção. Entre os atuais inquisidores, alguns velhos amigos do curso de teologia que se consagraram juntamente comigo.

O medo voltava a imperar entre as pessoas; ninguém mais confiava em ninguém, todos temiam a todos. As pessoas viviam assustadas, tinham medo até mesmo de se confessar, pois não confiavam nos padres. Eu, porém, procurava ser um bom padre e fazer o que achava certo.

Sabia existirem famílias que praticavam cultos diferentes; lembrava dos escravos da minha fazenda, quando ainda era criança, lembrava de Querência e fazia vistas grossas; eles não me davam problemas e eu não causava problemas para eles, tudo o que pedia faziam prontamente, sem reclamar. Mas, como disse antes, tudo estava prestes a acabar. E foi numa manhã de verão que aquela caravana chegou trazendo uma nova família para o povoado. Percebi, pelo olhar desconfiado do casal, que eles vinham fugidos para se abrigar na casa de familiares, tudo perfeitamente normal, afinal, em algumas regiões a Inquisição estava pegando pesado mesmo, enquanto no meu povoado ainda reinava a paz.

Desceu da carruagem um rapaz com seus 18 anos; que da mesma forma que os pais, olhava desconfiado para todos os lados, em seguida desceu a visão mais esplêndida que meus olhos já tocaram, era quase um sonho, uma miragem. Era a filha mais jovem do casal; ela trazia o sol nos cabelos e o mar no olhar, era tão bela; tão faceira, apesar da tenra idade, uns 12 anos aproximadamente. Mas o corpo já mostrava os contornos de uma bela mulher a surgir brevemente.

Aquela visão me encantou, enfeitiçando-me. Era como se Querência voltasse renascida, mas a bela pele de Querência, que em tempos idos lembrava-me uma bela pérola negra, agora ressurgia na forma de mármore, mas os olhos, ah... os olhos... Esses eram iguais, tanto na cor como na força.

Quando ela me olhou em pé em frente à igreja, senti como se o chão me faltasse. Eu era um homem de 40 anos, apesar de ainda ser considerado bonito e atraente para os padrões da época, mas ela... Ela era apenas uma criança desabrochando para a vida, era como a mais bela de todas as rosas; naquele instante a cobicei e decidi que seria eu a colher aquela bela e formosa flor.

Como podia Querência e aquela garota serem tão iguais aos meus olhos e, ao mesmo tempo, tão diferentes? Nesse instante a menina olhou para mim e encontrou meu olhar fixo nela; ela apenas sorriu, um sorriso de alguém que reencontra alguém querido, depois de muito tempo distante. Meu Deus, só podia estar ficando maluco. Eu sabia, eu sentia no fundo da minha alma que caminhava a passos largos em direção a um abismo do qual não teria retorno, só não imaginava quantos levaria comigo, nem quantos inimigos estava prestes a angariar.

Os pais perceberam a nossa troca de olhares e puxaram a filha delicadamente pelo braço, levando-a para longe do meu olhar, mas não do meu coração. Meu cérebro já trabalhava a todo vapor, procurando um modo de trazê-la para meus braços.

Naquele momento, ainda não sabia, mas o tênue elo que me ligava a Deus começava a se desfazer. Minha obsessão por aquela menina começava a me levar por um caminho perigoso, que acabaria por destruir não apenas meu corpo físico, mas também a minha alma. Uma força dentro de mim gritava implorando para que eu resistisse à tentação, que desse outro rumo à minha vida, mas infelizmente, não apenas ignorei esta voz interior, que procurava me alertar, eu a sufoquei dentro de mim e paguei um preço bastante alto.

III

Desencarne

Eu descobri logo que o nome da menina era Layony e o de seu irmão Lexylion; o sobrenome de ambos era Fritzsimmons, o qual era, pelo que sabia, originário da Irlanda.

Seus pais chamavam-se Verônica e Simon, eram pessoas simples; Simon era primo de Marla, uma jovem senhora muito devota de Nossa Senhora, que ficara viúva há pouco tempo; Andrey, seu marido, morreu na lavoura atingido por um raio, deixando-a sozinha com dois filhos pequenos e um pequeno sítio; seu primo veio, juntamente com a família, para ajudá-la com o sítio e fazer-lhe companhia. Porém, a nova família não vinha à igreja e aquilo já estava me incomodando, pois não via a hora de rever Layony. Mas não podia correr o risco de que todos percebessem meu interesse especial por essa família, indo visitá-la. Nesse momento tomei a decisão de questionar Marla, diretamente, a respeito.

– Existe algum problema com sua família, Marla? Pude perceber que eles não estão frequentando as missas. Por acaso eles são adeptos de algum outro culto?

Marla me olhou apavorada e justificou imediatamente o comportamento dos familiares. Afinal, numa época em que qualquer religião que não fosse a católica era considerada heresia, ser herege não era uma boa ideia, e muito menos algo saudável.

– Não, padre Ramon, é que eles ainda estão se adaptando e se organizando, mas já me disseram que na próxima missa estarão aqui – apressou-se em dizer Marla, um tanto assustada.

– Que bom, minha filha, fico feliz em ouvir isso. Agora vá em paz e que Deus a acompanhe.

Ela beijou minha mão e se retirou apressadamente, pois sabia que seus parentes cultuavam a natureza e os antepassados, e que um dos motivos de estarem na sua casa era para fugir da perseguição que os via como bruxos, adoradores do demônio, mas ela não permitiria que eles colocassem em risco sua segurança e a de seus filhos. Se quisessem permanecer com ela, eles teriam de se sujeitar e se adaptar à religião católica, à Santa Igreja e ao padre.

Para Marla, não importava no que eles acreditavam ou cultuavam, desde que praticassem seus rituais bem escondidos e que em todas as missas se fizessem presentes.

Os dias passaram e na missa seguinte toda a família de Marla estava presente na igreja, como ela havia me dito, inclusive a jovem Layony. Tive que me controlar para não deixar transparecer minha satisfação e alegria por ela estar ali. No final da missa Marla chegou até mim e me apresentou seus familiares, colocando-os à disposição para o que a igreja precisasse. Reparei de imediato certa hostilidade, velada, por parte dos homens da família, com relação a mim. Quanto à mãe da família, dona Verônica, parecia neutra e discreta. Porém Layony posicionou-se próximo a Marla, sua prima de segundo grau, e se mostrou muito satisfeita em estar ali; ela me olhava, disfarçadamente, a todo o momento. Nesse instante, ouvi uma voz gritar dentro de mim: "Cuidado, padre tolo, você está caminhando por um caminho sem volta em direção a um precipício". Mas, novamente, sufoquei essa voz; estava encantado, fascinado e ao mesmo tempo paralisado frente aos encantos de tão bela jovem. Por um momento senti medo, mas o desejo que crescia dentro de mim, tomando conta de todo meu ser, era maior que meu senso de responsabilidade e respeito com relação a Deus e aos meus semelhantes.

Com o passar dos dias, Simon, sua esposa Verônica e seu filho Lexylion voltaram a se afastar da igreja, mas Layony continuava firme, acompanhando sua prima Marla em todas as atividades e missas. E Layony começou a se aproximar de mim, mostrando-se solícita e atenciosa, o que me fez fazer vista grossa aos seus pais e irmão.

Marla estava sempre na igreja, ajudava na organização e limpeza, e agora trazia consigo a prima que a ajudava em tudo, enquanto de longe eu apenas observava como Layony ia se tornando a cada dia mais linda, a cada dia mais mulher.

Os dias foram se tornando meses e os meses anos, e só Deus sabia como era difícil eu me controlar cada vez que ela passava perto; podia sentir o seu cheiro, e quando seu braço roçava no meu então... Layony já estava com 15 anos e um dia, pela primeira vez, ela chegou sem a prima. Marla não veio, amanheceu febril e Layony se ofereceu para fazer o serviço da igreja, sozinha, no que a prima permitiu.

O tempo estava fechado, prenunciando uma grande tempestade, a maioria dos fiéis não saiu de suas casas nem para trabalhar. Pensei comigo mesmo: "Hoje não verei o amor da minha vida, minha paixão platônica".

Mal completei meu pensamento e Layony entrou toda faceira e sozinha na igreja. Aproximei-me dela e perguntei:

– Você veio sozinha? Onde está Marla?

– Minha prima não amanheceu bem e me ofereci para vir em seu lugar, afinal não tem mesmo muita coisa a ser feita.

– Você poderia ter ficado em casa, o tempo está anunciando uma grande tempestade a caminho.

– Não podia perder esta oportunidade, padre Ramon.

– Oportunidade? Oportunidade de quê? – perguntei confuso.

– Oportunidade de estar aqui sozinha, de aproveitar para confessar o que se passa no meu coração.

– Você quer se confessar? – perguntei incrédulo, pois nunca ela nem ninguém de sua família haviam demonstrado interesse em se confessar; eu, por minha vez, achava melhor, pois temia que ela me contasse sobre algum interesse por algum jovem de sua idade, mas agora ela estava ali sozinha na minha frente, pedindo para se confessar.

Confesso que senti medo do que ela teria para me falar, mas tinha de cumprir com minha obrigação; teria que ouvi-la e dar-lhe o perdão de Deus. Ela se aproximou mais e me perguntou:

– Tudo o que eu falar em confissão ficará só entre nós?

– Sim... Só entre nós e Deus – respondi.

– Padre, meu pai quer me obrigar a casar e eu não vou lhe obedecer. Ele me prometeu em casamento antes de virmos para cá a um homem para quem ele devia certa quantia em dinheiro e por quem não sinto absolutamente nada, só asco. Meu pretendente, em troca da minha mão, perdoaria esta dívida de meu pai e ainda daria um belo dote, capaz de dar conforto financeiro e segurança para toda minha família, mas o que meus pais não sabem é que meu coração pertence a outro homem.

Neste ponto gelei, até a parte que ela se negava a se casar, estava perfeito para mim; mas havia outro homem que ela amava e eu já sentia ciúmes, e vontade de matar o infeliz. E ela continuou...

– Mas não posso falar nada para minha família nem para ninguém, pois é um homem proibido para mim.

Imaginei um homem casado dando em cima da mulher da minha vida. Mesmo que o amor sentido por mim fosse platônico, ela era a mulher da minha vida. Então, agoniado e curioso, fechei os olhos por alguns segundos e perguntei:

–Você vai me dizer quem é esse homem e se ele é casado?

– Vou, pois não aguento mais carregar esse amor dentro de mim. Não, ele não é casado nem poderá se casar comigo, nem com ninguém; ele é um padre. Estou apaixonada por você, padre Ramon, desde a primeira vez em que o vi e sinto que o senhor não é indiferente, pois percebo pelo jeito que me olha e pelos agrados que me dá de presente.

Senti vontade de abraçá-la, mas me controlei e falei:

– Sou muito mais velho e você é uma flor que ainda nem desabrochou para a vida, talvez esse jovem que seu pai preparou para você seja melhor.

E o que ela me revelou me deixou paralisado, irado.

– Ah! Padre, o senhor não sabe de nada. Esse homem para quem meu pai quer me vender é um velho, asqueroso e bêbado; e quanto a mim ainda não ter desabrochado não se preocupe com isso, pois desde os meus nove anos meu pai fez de mim sua amante. E antes que alguém o descobrisse ele me vendeu, mas prometeu me entregar apenas quando estivesse com 16 anos, o que não está muito longe. Sei que posso confiar no senhor e que não irá contar nada do que lhe disse em confissão, mas sou uma infeliz abusada pelo meu pai, entregue para um bêbado que nem se deu conta de que eu já não era mais virgem, forçada a um casamento de aparências, afinal ele contou para minha mãe que me encontrou no mato tendo relação sexual com o bêbado Pierre De La Fontaine; e me disse que, caso eu falasse a verdade, mataria todos nós, e a culpa seria toda minha. Então me calei e continuei obedecendo e fazendo tudo o que ele determinava, até chegarmos aqui. Com minha prima Marla sempre por perto ele não pode mais me tocar com a mesma frequência, apenas quando consegue ficar sozinho comigo; ontem me disse que o Pierre está vindo me buscar, pois como não tenho mais serventia para ele, que pelo menos ele tenha algum lucro.

Aquela confissão estava me provocando asco, tive vontade de matar o pai de Layony e esse tal de Pierre. Pensei em meu pai abusando de Querência e a matando e senti novamente aquele sentimento de ódio, que um dia se apossou de mim, crescendo em meu interior. Ela pressentiu e falou assustada:

– Por favor, padre, não fale nada para ninguém do que lhe contei, eu só queria que o senhor soubesse.

E se aproximando mais de mim me abraçou e sua boca procurou pela minha; não resisti e a tomei em meus braços e aceitei o presente que tão delicadamente me oferecia; levei-a para meu quarto e fizemos amor. Senti naquele momento que caía em desgraça, pois ao contrário do que padre Euzébio me ensinou, amei aquela mulher mais do que tudo, até do que Deus. E jurei para mim mesmo que me calaria, afinal não poderia contar algo que me foi dito em confissão, mas os envolvidos pagariam caro pelo que fizeram a Layony. Eu não permitiria que ninguém a tirasse de mim, nem que para isso tivesse de renunciar à igreja, já que a Deus renunciei quando a levei para minha cama e a coloquei em primeiro lugar na minha vida.

Antes de ir embora ela se vestiu calmamente e me falou:

– Ramon, sinto-me protegida com você, será que posso chamá-lo assim quando estivermos a sós?

– Sim... – e ela continuou:

– Perdoe-me o que vou falar, pois não sei muito sobre o seu Deus; mas se acompanhei minha prima esse tempo todo, não foi por causa desse Deus, mas pela atração que sinto por você desde a primeira vez em que o vi; a gente vai continuar se encontrando?

– Sim... – respondi. – Depois de hoje, nunca mais a deixarei – falei sorrindo e, ficando sério de repente, continuei:

– Se por acaso seu pai ou alguém tentar tocá-la novamente, prometa que vai me contar, pois darei um jeito de mandar o infeliz para o inferno mais cedo.

Ela sorriu e me disse:

– Fique tranquilo, meu amor, depois de hoje, jamais nenhum outro homem me tocará, nem que para isso eu tenha de morrer.

E me beijando, novamente, ela se retirou. Escutei um barulho, procurei assustado de onde vinha o som, mas tudo se fez silêncio novamente, então relaxei e não dei muita atenção ao fato; com toda a certeza, este foi meu maior erro.

Sempre que possível Layony e eu encontrávamos um modo de ficarmos juntos, sempre escondidos; procurávamos por lugares ermos, onde ninguém nos veria ou encontraria, pois sabíamos as consequências dos nossos atos.

Sabia que, apesar de ser homem e mais velho, ainda assim as consequências seriam muito piores para ela que para mim, apenas pelo fato de ela ser jovem e bonita. Seria taxada de bruxa pela Igreja e, provavelmente, queimada viva. Só de pensar nisso eu entrava em desespero; mas ela dizia que morreria do mesmo jeito, pois se eu a deixasse se mataria. E assim íamos levando nossa vida, até que um dia ela chegou desesperada, dizendo que Pierre havia chegado, que ele descansaria da viagem e que dali a dois dias retornaria para sua cidade, levando-a consigo. Desesperei-me, não sabia o que fazer, mas na minha mente, existia uma única alternativa.

– Layony, você confia em mim?

– Mais que tudo, por que me questiona, por acaso tem alguma dúvida?

– Não, mas preciso saber se você seria capaz de encobertar qualquer coisa que eu fizesse.

Ela sorriu e falou:

– Amor, você é o padre e ninguém sabe e jamais saberá sobre nós, e mesmo que eu desejasse contar, o meu medo de perdê-lo é tão grande que nem mesmo sob tortura revelaria um segredo seu, principalmente se você compartilhou comigo, preferia morrer a traí-lo...

Senti-me satisfeito com sua resposta e prossegui:

– Preciso que, sem que ninguém saiba ou sequer desconfie, você encontre um modo de levar Pierre, amanhã à tarde, até a velha estrada abandonada, mesmo que para isso ele tenha que acreditar que você vai se entregar a ele. Mas garanta que ele não conte a ninguém. Se possível, convide-o na mesma hora para não dar oportunidade de ele falar com alguém.

– Por quê? – perguntou curiosa.

– Apenas faça, a não ser que você queira ir embora com ele.

– Você vai matá-lo? Se precisar, eu ajudo.

Sorri satisfeito, mas respondi:

– Não quero que suje suas belas mãozinhas com aquele porco. Apenas o leve onde falei e depois fuja, deixando-o lá; volte para o povoado e divirta-se, como se nada tivesse acontecido, e fique próxima do maior número possível de pessoas. Quanto a mim, fique tranquila, pois ficarei bem.

E assim foi feito.

Layony levou Pierre até a estrada velha, insinuando-se para ele. Chegando lá, pediu para que ele se virasse e fechasse os olhos enquanto ela tirava a roupa; que só abrisse os olhos quando ela dissesse. Todo empolgado, Pierre fez o que Layony pediu, mas enquanto ele aguardava com os olhos fechados ela fugiu, deixando-o só. Então me aproximei devagar com uma grande pedra na mão e, antes mesmo que ele pudesse dar conta do que se passava, acertei com tudo a pedra em sua cabeça. Ele caiu desmaiado e antes que pudesse voltar a si, esmaguei a sua cabeça com a pedra, para ter certeza de que estava morto. Senti-me mal em fazer aquilo, mas não permitiria de modo algum que ele tirasse Layony de mim; além do mais ele merecia, por ter abusado dela no passado. Vi que ele carregava uma bolsa com dinheiro na cinta e falei:

– Para onde você vai não precisará desse dinheiro – e o peguei para mim; esse foi o primeiro homicídio seguido de roubo que pratiquei, além do que seria menos arriscado para mim se pensassem ter sido o homicídio cometido por salteadores.

Retirei-me logo em seguida, de volta para minha paróquia; entrei discretamente, lavei-me, troquei-me e lavei a roupa suja de sangue. Em seguida, subi ao altar e preguei um belo discurso sobre amor ao próximo.

Dias depois o corpo foi encontrado e o caso foi dado como roubo seguido de morte. O delegado, sem nenhuma pista a seguir, imaginando o assassino longe naquele momento, deu o caso por encerrado. E fomos tocando nossas vidas tranquilamente, como se nada tivesse acontecido.

Simon, o pai de Layony, ficou inconformado com a morte de Pierre. Justo quando ele se imaginava recebendo um bom dinheiro por conta da filha, essa tragédia tinha que acontecer. Agora ele teria de encontrar algum outro otário que ficasse com sua filha, mesmo ela não sendo mais virgem, além de tudo ele nem podia ficar mais com Layony, pois sua prima Marla estava sempre por perto, e o fato de ver a filha e não poder ter relações com ela o deixava irritado; então, o melhor a fazer era dar um jeito de Layony ir embora com alguém, disposto a pagar uma boa quantia, alguém como o bêbado Pierre.

Simon começou a observar que sua filha, de vez em quando, sumia, e reaparecia hora depois, toda alegre; começou a ficar desconfiado e passou a observá-la cada vez mais sem, no entanto, chamar a atenção. Talvez ela estivesse envolvida com alguém e, dependendo de quem fosse essa pessoa, ele poderia conseguir alguma vantagem. Então, numa tarde de verão ele resolveu seguir a filha e ver aonde ela ia, e o que a estava deixando tão feliz.

Tínhamos marcado encontro em um casebre abandonado. Layony chegou toda alegre e faceira me abraçando e me beijando, sem se dar conta de que havia sido seguida pelo pai. Ao ver a cena ele ficou indignado. Mas, ao mesmo tempo, viu no ocorrido uma situação real de lucro e, diante da empolgação em tirar vantagem, acabou por se agitar, fazendo uma movimentação mais brusca que acabou chamando minha atenção, denunciando a sua presença.

Ao perceber que havia sido descoberto, apresentou--se diante de nós destilando ódio e gritou para a filha:

– Vá para casa, sua vagabunda. E não diga nada do que aconteceu para ninguém, pois não quero matar sua mãe de desgosto; e me espere em casa, pois precisamos conversar. Agora vá, antes que eu a mate aqui mesmo.

Olhando em minha direção e entendendo meu olhar para que ela saísse dali, Layony partiu correndo. E Simon, voltando-se para mim, disse:

– Agora é com você, padre demônio!

Nesse instante me lembrei de minha mãe, quando lhe disse que iria me tornar padre. Mas procurei tirar rapidamente essa lembrança de minha mente e retornar à situação do momento. Percebi um sorriso de satisfação em Simon, quando ele me disse:

– Você está em minhas mãos, padre, e vai fazer tudo o que eu mandar, a menos que queira que toda cidade saiba de sua safadeza com a sem-vergonha da minha filha.

Procurei manter a calma para encontrar um meio de me livrar daquela situação, pois detestava sentir-me coagido e chantageado, mas Simon estava com a faca e o queijo nas mãos, só me restava esperar pela minha vez de jogar; então, fingindo uma humildade que estava longe de fazer parte de mim, perguntei:

– O que o senhor deseja de mim?

– Primeiramente, dinheiro, depois vou pensar no que mais.

– Quanto o senhor quer?

– Muito dinheiro, e agora – e me falou um valor exorbitante. Eu apenas perguntei:

– O senhor sabe que é muito dinheiro?

– Mas sei, também, que o senhor tem esse dinheiro, afinal Deus não leva o dinheiro das ofertas – falou com deboche.

– Está bem... – falei, calmamente. – Faremos o seguinte: vou até a igreja pegar o dinheiro e o encontro daqui a pouco próximo ao precipício, afinal é um lugar onde todos evitam; não quero de jeito nenhum ser visto com o senhor, para não levantarmos suspeitas sobre minha moral. Portanto, se o senhor falar com quem quer que seja sobre mim, não verá uma única moedinha sequer.

– Fique tranquilo, padre, vou direto daqui para o precipício, mas se o senhor não aparecer com meu dinheiro, todos saberão da sua safadeza.

– Fique sossegado e não se precipite; caso eu demore um pouco, lembre-se de que sou padre e às vezes minha presença é solicitada com urgência, portanto, posso demorar, mas tenha certeza de que não deixarei de vir, pois seu silêncio é de meu interesse.

– Está bem, padre, vou aguardá-lo, mas trate de se apressar – e saiu caminhando em direção ao precipício.

Voltei para a igreja, peguei uma faca, porém, antes de deixá-la, fui parado por alguns dos meus fiéis, com pedidos de orações, confissões e conselhos. Atendi a todos, calmamente, e depois saí dizendo que precisava caminhar um pouco sozinho para entrar em contato com Deus e pedir bênçãos para minha igreja. Assim, sem levantar suspeitas, saí caminhando; quando me encontrava a certa distância dali, dirigi-me a passos largos em direção ao precipício. Chegando lá encontrei o pai de Layony, impaciente, à minha espera.

– E então, cadê o dinheiro? – inquiriu ele, assim que me viu.

– Infelizmente não tenho aquela quantia.

– Não brinque comigo, você não sabe do que sou capaz.

– Você também não.

E me aproximando rapidamente de Simon, com a faca na mão, cravei-a em seu peito.

Ele me olhou, incrédulo, e disse:

– Você é um padre, como pode fazer isso?

– E você é um pai, como pôde abusar de sua própria filha?

Antes que pudesse responder, ele tombou sem vida. Retirei a faca de seu peito, limpei-a em sua própria roupa, peguei o pouco dinheiro que ele tinha em sua carteira, dizendo:

– Para onde você vai não precisará desse dinheiro. Então, juntamente com o dinheiro deixado generosamente por Pierre, ele vai para ajudar os necessitados.

Em seguida, joguei seu corpo inerte e sem vida precipício abaixo e retornei tranquilamente para minha igreja, onde me lavei, troquei minha roupa e me comportei como se nada tivesse acontecido.

Na manhã seguinte Layony apareceu desesperada na igreja, à minha procura, e me perguntou:

– O que aconteceu com meu pai, por que ele não apareceu em casa? Estão todos desesperados, minha mãe caiu de cama e corre risco de perder o bebê, além da própria vida. Eu não sei o que dizer ou o que fazer...

Resolvi mentir, afinal, por mais inescrupuloso e vil que ele fosse, ainda assim era o pai dela; eu não queria que mais cedo ou mais tarde ela me jogasse na cara que matei o seu pai. Então, fingindo preocupação, falei:

– Não sei. Ele me pediu dinheiro em troca de seu silêncio, vim até a igreja pegar, afinal, neste primeiro momento não poderia fazer nada contra ele sem me comprometer e sem comprometê-la. Acabei me demorando, pois havia alguns fiéis esperando por mim. Quando retornei ao encontro dele no lugar combinado, ou seja, o mesmo onde ele nos viu juntos mais cedo, não o achei, esperei um tempo, mas ele não apareceu. Estou até com receio de que ele tenha bebido e falado de nós para alguém; estava até esperando por você para saber se tinha alguma notícia.

– No caminho tudo pareceu normal; ele, provavelmente, não deve ter dito nada a ninguém, pois do contrário eu estaria perdida e você também. Você não o matou... Matou?

– Não, até pensei em fazer isso, mas teria que preparar tudo com antecedência para não ser pego, afinal foi tudo muito repentino. Por que acha que ele está morto? Por acaso você não o matou? Eu compreenderia, depois de tudo que ele lhe fez.

Falei rapidamente para desviar suas suspeitas com relação a mim, ela me respondeu depressa:

– Claro que não, apesar de tudo era meu pai. Acho que, no fundo, eu tinha esperança que ele mudasse...

– Se você está dizendo, acredito em você, pois confio em você...

– Eu também acredito em você, Ramon, mas precisamos descobrir o que aconteceu, pois minha família está desesperada.

– Claro, minha querida, vou procurar o delegado e relatar o desaparecimento de seu pai, mas lembre-se, ninguém jamais deve saber que ele nos pegou juntos; e muito menos que ele estava me chantageando, ou que abusava sexualmente de você, pois além de denegrir a imagem do seu pai, exporia toda a família a uma situação constrangedora, e nos colocaria como suspeito de algo que sabemos não ter cometido. Fora o fato de que teríamos de responder perante a Igreja, daí você acabaria na fogueira e eu enclausurado.

Comunicamos a polícia, que por sinal não encontrou o pai dela, nem vivo, nem morto. Simon, portanto, foi dado como desaparecido. A mãe de Layony, que estava grávida de seis meses, com toda a agitação pela qual passou por causa do desaparecimento do marido, homem que, apesar de inescrupuloso, era o amor de sua vida, teve um parto precoce e complicado por conta do qual, infelizmente, veio a falecer, juntamente com a criança, que nasceu prematura e muito fraquinha.

O tempo foi passando, a vida foi retomando seu curso e tudo parecia tranquilo novamente; foi quando recebi o comunicado de que os representantes da Santa Inquisição estariam fazendo uma visita ao povoado e à igreja, para relatar como estava a fé dos fiéis. Pela primeira vez me senti preocupado, pois sabia que não havia nada de bom na visita da Inquisição, ainda mais na minha conjuntiva. O melhor que tínhamos a fazer era sermos o mais discreto possível e torcermos para que eles não ficassem por muito tempo.

Layony tinha acabado de completar 17 anos quando os representantes da Inquisição chegaram e começaram discretamente a investigar tudo e todos. Eles tomaram conta da igreja e do povoado, fazendo-me sentir como um nada, pois tudo dentro e fora da igreja era decidido por eles.

O que vou expor agora só fiquei sabendo após minha partida para o outro lado da vida, local onde não existem segredos e onde tudo se revela, mas relatarei agora, para que a história tenha sentido.

Eu e Layony conhecíamos muitos lugares nos quais podíamos nos encontrar em segurança, pois acreditávamos que ninguém sabia dos nossos encontros clandestinos; ledo engano, ao longe alguém presenciava tudo e seguia todos os nossos passos num misto de ódio, devoção, amor e inveja.

Layony estava se preparando para mais um de nossos encontros, quando foi puxada com violência pelo braço em direção ao seu quarto pela sua prima Marla.

– O que foi, Marla? Estou com pressa.

– Eu sei de tudo...

– Do que você está falando?

– Você sabe muito bem, Layony. Você é uma bruxa e vou denunciá-la para a inquisição; não vou me prejudicar, nem os meus filhos, por sua causa...

– O que você está dizendo? – perguntou Layony assustada. – Você só pode estar louca!

– Não estou e você sabe muito bem, a pior coisa que fiz na minha vida foi colocar vocês dentro da minha casa. Eu sei de você e do padre Ramon; sei que você o seduziu, também sei que por sua causa ele matou Pierre, o homem destinado a você pelos seus pais. Sei que seu pai, provavelmente, os descobriu, pois vi quando ele a seguiu e tenho certeza de que você o matou, pois vi quando retornou transtornada para casa. Padre Ramon era muito bom para todos nós, até vocês chegarem com suas feitiçarias. Pensa que não sei que vocês vieram para cá fugindo da Inquisição? Deus está punindo toda sua família. Agora será você e tenho certeza de que seu irmão será o próximo!

– Você não sabe o que está dizendo, Marla. Se contar sobre mim vai destruir minha vida; nós somos primas...

– Você é muito egoísta e a odeio com todas as minhas forças, Layony. Quando vocês chegaram, até pensei que poderíamos ser uma família, mas vi o jeito como você olhava para ele, e ele, sem se dar conta de estar caindo nas suas artimanhas, retribuía, mas o padre nunca se aproximou, ele sempre a respeitou. No dia em que fiquei doente, você fez questão de ir sozinha à igreja. Aquela atitude me deixou desconfiada, então, mesmo convalescendo a segui, e ouvi quando você contou aquela história sobre o seu pai, vi quando se insinuou para ele e o beijou, oferecendo-se para que a levasse para a cama. E ainda, escondida, vi quando você se entregou para ele sem pudor, como só as bruxas são capazes de fazer. E depois desta vez a segui muitas outras.

– Então você me seguia todo esse tempo, esperando pelo momento certo para me destruir; e eu acreditando que você gostava de mim, que me queria bem... Por quê?

– Simples, você roubou o único homem que amei de verdade. Logo que mudamos para cá e o vi pela primeira vez me apaixonei, mas me conformei em tê-lo apenas no meu coração, pois era uma mulher casada, e ele um homem de Deus. Respeitei a batina que ele usava. Mesmo depois que meu marido morreu, mesmo ele tendo sido um bêbado irresponsável, mantive-me uma mulher digna e honesta. Fui trabalhar na igreja para ficar mais perto do padre Ramon, mas jamais me insinuei ou me ofereci, diferentemente de você que se portou como uma vagabunda, uma prostituta.

– Você sente inveja de mim. Sua mal-amada – falou Layony indignada.

– Sim, não vou negar, tenho inveja da atenção que ele lhe dá, mas tudo tem um preço, o meu foi ficar sem ele e o seu será pagar por ter ficado com ele; e será um preço bem alto. Vou defendê-lo, afinal, o padre foi apenas vítima de suas seduções de bruxa, de suas feitiçarias. Vou dizer aos inquisidores que a culpa foi toda sua, e você vai ter o fim que merece: será queimada viva na fogueira para pagar por todo seu erro ou, na melhor das hipóteses, ficará toda deformada para que ninguém nunca mais a queira, nem um bêbado como o Pierre vai querer saber de você. A única forma de você escapar deste destino será acabando com sua própria vida, antes de os inquisidores chegarem aqui, ou ainda, destruindo a vida dele junto com a sua, dizendo que ele é o culpado por tudo o que você fez, aí Ramon vai ver que você é uma falsa. De qualquer forma, vai ser melhor para mim.

Dizendo isso Marla se retirou indo ao encontro dos padres inquisidores, deixando Layony desesperada, sem saber o que fazer; então, ela fez a única coisa que podia: pegou uma corda, foi até o beiral da porta de seu quarto e se enforcou. Quando a Inquisição chegou para levá-la ao interrogatório, encontrou-a já sem vida; tomaram aquela atitude como uma confissão de culpa e a sentenciaram à fogueira, mesmo ela já estando morta.

Quando soube, entrei em desespero, eles me submeteram a torturas para me livrar do que eles consideravam influência pós-morte da noiva do demônio.

Durante a tortura me quebraram os dois joelhos e tatuaram a cruz de Cristo, com ferro em brasa, no meu peito; senti muita dor, além de perder o movimento das pernas. Fui enclausurado no meu quarto para aguardar minha ida para Roma, onde sua Santidade o Papa Urbano VIII determinaria qual seria meu destino. Tornei-me apenas uma sombra do que era, e quando pensei que não podia ficar pior, a janela do meu quarto foi arrombada e adentrou nos meus aposentos, de forma impetuosa e feroz, ninguém menos que Lexylion, irmão de minha amada Layony. Antes que eu pudesse esboçar qualquer reação, ele me atingiu com uma pancada na cabeça. Fiquei desacordado não sei por quanto tempo.

Só sei que quando acordei não estava mais em meu quarto, estava em algum lugar deserto, dentro de um buraco. Olhei para cima e lá estava Lexylion, meu algoz, o jovem que se tornou homem e se preparava para vingar toda a família.

– O que você pretende fazer? – perguntei, mesmo temendo a resposta.

– O que você acha? – respondeu-me com a voz carregada de ironia.

– Vai me matar?

– Seria muito fácil e muito pouco diante de tudo que você me fez, você destruiu minha vida e a vida de toda minha família.

– E você acha que vai se safar dessa, os inquisidores e os policiais virão atrás de você.

Desencarne 87

– Os inquisidores já estão à minha procura – falou com um sorriso de ironia e prosseguiu dizendo: – Mas não me encontrarão, a não ser que eles desçam o precipício.

– Você vai se matar? – perguntei incrédulo.

– Logo depois de enterrá-lo vivo – falou o jovem, com uma risada um tanto dementada. Pela primeira vez me senti apavorado, comecei a gritar e ele, sorrindo, ao mesmo tempo que jogava terra em cima de mim, dizia:

– Pode gritar à vontade, padre maldito, pois onde estamos ninguém poderá ouvi-lo e menos ainda depois que eu terminar de enterrar você.

Não sei quanto tempo demorou, mas quando dei por mim estava totalmente coberto pela terra; sentindo-me sufocar, meus joelhos quebrados não permitiam que eu me movesse, então caí em mim de que aquela era minha sepultura, eu estava enterrado mas nem ainda havia morrido.

Desmaiei e não sei por quanto tempo fiquei desacordado, só sei que quando acordei ainda estava ali, sufocando, sentindo a terra entrando pelo meu nariz e minha boca; de repente, comecei a sentir bichos me morderem, era horrível, pior que as torturas infringidas pelos padres da Inquisição; quando olhei para mim percebi que, mesmo estando debaixo da terra, conseguia enxergar todo meu corpo devorado por vermes; em algumas partes os ossos já estavam à vista e o fedor exalado pelo meu corpo putrefato era insuportável. Pensei em Deus, mas me lembrei de que havia virado as costas para Ele e cometido os mais atrozes pecados; agora Ele havia virado, definitivamente, as costas para mim. Eu sabia, instintivamente, que quando Ele me permitisse morrer, estaria condenado ao inferno e este, com certeza, ainda seria pior que estar enterrado vivo. Parei de rezar, pois sabia que meus pecados não tinham perdão. Sentia muitas dores e o que mais queria naquele momento era poder morrer, independentemente do que me esperava do outro lado; não aguentava mais toda aquela terra em cima de mim e seus vermes me devorando vivo. Além do fedor exalado por meu corpo se decompondo paulatinamente, sentia vontade de chorar, mas não havia mais lágrimas. Mas, o pior de tudo eu não sabia, já estava morto há mais de dois anos.

IV

O Despertar

Perdi a noção de quanto tempo fazia que eu encontrava-me naquela situação, pois há muito tinha perdido a percepção do tempo. A dor, a falta de ar, os vermes devorando meu corpo, além do fedor exalado por mim me deprimiam e me faziam maldizer minha vida; e ainda estava lamentando minha sorte, quando escutei uma voz familiar se dirigindo a mim.

– E então, quer dizer que ainda está aí, padre maldito... Hahahahahahaha – gargalhou o dono da voz.

Olhei para cima, a terra se fez transparente e pude ver nitidamente Lexylion, no alto da cova, me olhando. Então perguntei com voz fraca:

– Arrependeu-se e vai me tirar daqui... Pois saiba que é tarde demais, estou quase morto, apesar de não conseguir morrer e não entender por quê. Mas lhe imploro, por misericórdia, termine o serviço que começou, mate-me de uma vez. Vejo que desistiu de se matar e fico feliz por você, mas agora acabe finalmente comigo e siga em paz seu caminho.

Lexylion gargalhou e, dirigindo-se a seus companheiros que até então eu não tinha visto, falou:

– Esse é o padre de quem lhes falei e para minha sorte ainda está aqui – e se dirigindo novamente a mim, disse:

– Padre maldito, se pudesse matá-lo, mil vezes o mataria, mas infelizmente para você já estamos mortos.

E tirando o capuz e a capa que o protegia, vi um rapaz ainda jovem, todo ferido pela queda do precipício, mas ainda vivo; então perguntei assustado:

– Que bruxaria é essa, como pode estar andando e bem com seu corpo todo arrebentado, e como pode dizer que estamos mortos, se estamos bem vivos e conversando?

– A vida continua, padre do demônio, a vida continua, só que aqui as regras são outras, aqui eu mando e você obedece. Aqui você não passa de um escravo; levante-se, padre Caveira, que seu martírio está apenas começando.

Então senti toda a terra sumindo de cima de mim; quando me dei conta, estava deitado aos pés do meu algoz, com todos os seus amigos gargalhando ao seu lado. Olhei para mim e estava nu, pois minhas vestes haviam se deteriorado e se tornado pó; apesar de não haver mais carne em meu corpo, a cruz tatuada estava gravada nos ossos do meu peito, mais precisamente no meu manúbrio, ou seja, na parte superior do osso esterno. Provavelmente, para que todos pudessem ver por onde eu andasse que era um traidor do Cordeiro, e que aquele era o destino dos traidores. Se não pude ser exemplo enquanto vivo, então Ele faria de mim exemplo depois de morto.

– Levante-se, caveira, e venha, temos muito trabalho pela frente.

Percebi que os ossos dos meus joelhos se recompuseram; então me levantei e fiquei ereto diante dele, que com um movimento de mão, sem nem ao menos tocar-me, jogou-me longe e disse:

– Insolente, como ousa erguer os olhos diante do seu Senhor?

E me lançou novamente, agora para junto do grupo de desvalidos que o seguia. Olhei novamente para meu corpo nu e, apesar de serem apenas ossos, senti-me envergonhado, humilhado, mas não tinha nada a fazer a não ser seguir calado, sempre em frente, em direção ao nada; mas devo confessar que era um pouco melhor do que ficar deitado com toda aquela terra me sufocando dia após dia.

Segui de cabeça baixa, todos que me olhavam eu achava que era por estar nu. Engraçado, era uma caveira que andava e achava que as pessoas estranhavam o fato de eu estar nu, e não o fato de ser uma caveira.

Quando o agora meu senhor Lexylion era chamado para algum trabalho, em que tinha que produzir em algum encarnado dor e sofrimento, ele levava junto alguns escravos, geralmente eu era levado; e minha função era me aproximar da pessoa e envolvê-la com um abraço. Enquanto meu senhor me torturava, a minha dor e sofrimento eram compartilhados com a vítima, que sem saber o que se passava, ficava quase louca, sentia-se angustiada, sufocada, sentindo bichos percorrerem seu corpo. Às vezes a pessoa enlouquecia de verdade. Quando o objetivo era alcançado, todos do grupo eram beneficiados com alguma coisa, como, por exemplo: a energia retirada do fumo, do álcool ou de determinados alimentos, para todos eram energias muito valiosas; uns por terem sido viciados na terra e outros por saberem manipular esses elementos, e assim usá-los magisticamente no plano em que nos encontrávamos. Mas eu era apenas um escravo e escravos, como todos sabem, trabalham de graça em troca de pancada; e pancada era a única coisa que eu recebia.

Pensava comigo mesmo: "Também... De que me adianta receber essas coisas, afinal nunca tive vício enquanto encarnado; e magia, para mim, sempre foi coisa do diabo". Portanto, acreditava que de nada me serviriam aqueles agrados.

Porém meu algoz, criado no meio da magia, sabia fazer muito bom uso de tudo que lhe chegava às mãos.

Certo dia estava de longe, com a cabeça baixa como era determinado para que eu ficasse, mas de rabo de olho, observava tudo o que Lexylion fazia. Bem, mas onde nos encontrávamos, ele não era tratado como Lexylion, e sim como Sete Quedas. Provavelmente, pelo que pude perceber, o nome encerrava um mistério associado, em alguns casos, com o que resultou na sua morte. Fiquei sabendo, mais tarde, que era muito mais que isso, apesar de o tipo de morte ser a pontinha do mistério encerrado. Mas voltando à história, vou chamá-lo de agora em diante apenas de Exu Sete Quedas, pois esse era seu título e era assim que todos se dirigiam a ele.

Entretanto, como dizia, estava a observar o Exu Sete Quedas, quando ele retirou a longa capa negra com capuz que o envolvia completamente. Pude ver seu corpo e me espantei, pois não havia uma marca sequer da queda: ele estava exatamente como antes de se suicidar no precipício, com uma aparência bonita e saudável.

O Despertar

Fiquei de boca aberta e imaginava que mistério, que bruxaria, que magia era aquela que o fizera recuperar sua aparência; eu precisava descobrir, pois só assim teria o meu corpo de volta e deixaria de ser aquele monte de ossos. Contudo, sabia que ele jamais me contaria... E foi esta a motivação que me levou a aprender coisas novas neste novo mundo.

A partir desse momento comecei a observar, com atenção e disfarçadamente, tudo o que o senhor Sete Quedas fazia, principalmente como ele fazia.

Procurava memorizar cada palavra e entender seu significado, prestava atenção na entonação usada ao proferirem determinados comandos e assim, dia após dia, fui aprendendo, mas tomando todo o cuidado para que ninguém percebesse, pois um escravo procurando aprender era visto como sinônimo de problema, de encrenca. Fora que estávamos ali para sermos castigados e punidos dia após dia, noite após noite, por toda a eternidade, e não para aprender coisas que de alguma forma poderiam nos libertar; eu pude constatar isso algum tempo depois que comecei a prestar atenção a tudo que acontecia ao meu redor.

Comecei a perceber que não era o único no grupo de escravos querendo aprender; havia dois rapazes irmãos que não apenas adquiriam conhecimento, mas também começaram a colocá-los em prática, discretamente; mas infelizmente para eles, não passaram despercebidos pelo grupo dos seguidores. Era assim chamada a falange que acompanhava um Exu, ou seja, tinha o Exu que era o chefe, os seguidores que estavam abaixo do Exu e o grupo dos desvalidos, que eram compostos por escravos e Kiumbas.

Os Kiumbas estavam numa posição melhor que a dos escravos, eles apanhavam menos e ainda recebiam algum agrado de vez em quando; geralmente, eram protegidos de algum dos seguidores ou do próprio Exu. Os Kiumbas, se fizessem tudo direitinho e provassem seu valor e sua lealdade, podiam vir a se tornar, com o tempo, um dos seguidores.

Como eu estava dizendo, havia os dois irmãos que pertenciam ao grupo de escravos: Cristovão e Astolfo, mais que irmãos, eles eram gêmeos, porém, eles não apenas nasceram no mesmo dia, como também morreram na mesma data. Sua mãe morreu na hora de trazer-lhes à luz, e seu pai, inconformado, fechou-se em si mesmo de saudades, deixando os garotos crescerem livremente sob os cuidados de empregados, sem limites, sem respeito pelo próximo, sem amor.

Chegaram à adolescência sem princípios de moral. E com o objetivo de tirar mais vantagens das pessoas, acabaram se envolvendo com magias e bruxarias. O pai faleceu quando eles estavam com 20 anos, deixando-os donos de uma imensa fortuna que eles aumentaram, consideravelmente, ludibriando pessoas e fazendo chantagem. Por meio do uso da magia, tinham as mulheres que desejavam, fossem elas casadas, viúvas ou solteiras, enquanto fosse conveniente e satisfatório para seus prazeres carnais; quando não lhes serviam mais, desfaziam-se delas sem se importarem com seus sentimentos. Se alguma tentava se rebelar contra eles, faziam uso da magia para deixar a coitada louca, ou ainda, levá-la ao suicídio, isso quando eles mesmos não a matavam.

Os dois eram bastante unidos e faziam muitas vezes o uso da semelhança entre eles para ficarem com a mesma mulher, que quase sempre ficava com um, acreditando ser o outro. Eles eram grossos e desagradáveis com todos que com eles conviviam, além de agressivos e até mesmo violentos com as mulheres. Daí terem recebido a alcunha de "irmãos cavalos". Aos 30 anos de idade a cidade toda os temia, em razão da facilidade e do domínio que possuíam no uso negativo da magia. Para aumentar seu poder magístico, eles faziam uso de sacrifícios humanos; e foi ao matarem uma menina de 9 anos de idade, com o uso de muita crueldade após abusarem sexualmente dela, que todos da cidade, em comoção, resolveram dar uma basta nos desmandos dos "irmãos cavalos". Cercaram toda a sua propriedade, dispostos a prendê-los, julgá-los e condená-los por todos os seus desvarios, mas eles, pressentindo que teriam de pagar por seus erros, resolveram fugir da situação pela cicuta; mas, ao desencanarem, perceberam que tudo continuava e que aqueles que outrora foram indefesas vítimas tornaram-se seus mais ferrenhos algozes. E desde então se tornaram escravos daqueles que no passado vitimaram sem piedade.

Mas, como foi dito anteriormente, eles eram muito bons com magia; e como aprendemos, os conhecimentos que adquirimos na jornada terrestre são a única bagagem que levamos para a vida pós-morte. Então, novamente, surgiu a oportunidade de colocarem em prática conhecimentos antigos, associados aos novos, e eles não perderam a chance, sem se darem conta de que estavam sendo vigiados discretamente por seus algozes, ou como eles gostavam de serem chamados, "os donos do nosso destino".

Cristovão e Astolfo começaram unir aliados entre os escravos, tramando uma revolução; eu me mantive o mais afastado possível, observando a cena como um todo, já pressentindo que ia dar merda. E não tardou que se confirmassem as minhas suspeitas, na primeira tentativa de insurgirem contra o grupo dominante, o pequeno grupo de escravos que se rebelou foi dominado, e a pena aplicada foi com o objetivo de fazê-los servir como exemplo para outros escravos que desejassem seguir o mesmo caminho.

Foi feito um julgamento, no qual foram todos condenados; a pena atribuída a eles foi simplesmente espantosa aos meus olhos, que estavam começando a se abrir para aquela nova realidade: eles foram sendo transmutados em animais com os quais se assemelhavam em sua índole. Vi alguns se tornarem répteis na minha frente, outros cães infernais, outros ainda corvos, raposas, lobos, e todos controlados mentalmente por seus algozes; por último foi a hora dos líderes do grupo revolto, os irmãos gêmeos Cristovão e Astolfo.

Exu Sete Quedas se aproximou deles com desdém e um sorriso sarcástico no rosto, e começou a falar:

– Acreditaram mesmo que poderiam me enganar, acreditaram mesmo serem mais espertos do que seus superiores? – gargalhando, prosseguiu:

– Tolos! Vocês, na vida material, eram conhecidos por "irmãos cavalos", e sabem que estou realmente precisando de um cavalo, estou cansado de andar a pé – falou rindo o Exu.

– Portanto, a partir de hoje, é isso que vocês serão, um cavalo, um será a frente e outro a traseira; afinal, como cavalo provavelmente serão mais úteis e darão menos trabalho.

Os irmãos começaram a gritar, pedindo clemência; mas aos pouco foram se fundindo um ao outro, metamorfoseando-se e tomando a forma animalesca de um cavalo. Gargalhando, Exu Sete Quedas olhou para mim dizendo:

– Sabe, padre caveira, pensei em transformar você em meu cavalo, mas infelizmente para mim você não foi tolo o bastante para se misturar com estes infelizes, mas saiba que estou e sempre estarei de olho em você.

Abaixei minha cabeça e permaneci calado, enquanto ele se retirou gargalhando. Porém, tive certeza de que do mesmo modo com que observava cuidadosamente tudo ao meu redor, também era observado por todos ao meu redor; assim segui meu caminho e minha sina. Agora o grupo, além dos escravos, tinha também os animais metamorfos, que eram manipulados mentalmente a fazer tudo que lhes era ordenado; e por sua condição de impossibilitados de se comunicar, estavam abaixo de nós, escravos. O tempo passava e não tínhamos noção de sua cronologia, não sabia dizer há quanto tempo vivia naquelas situações sub-humanas, se meses, anos, décadas ou séculos, só sei que depois de determinado tempo não fazia mais diferença.

Continuei sendo torturado e usado em certos trabalhos solicitados pelos encarnados; não tinha poder de escolha, era simplesmente coagido a fazer o que me era ordenado, diferentemente da época em que me encontrava encarnado e tinha o poder de decidir por não ferir alguém, mas escolhi ferir; hoje minhas decisões não tinham mais valor, era apenas mais um escravo e como tal me comportava.

Os lugares que percorríamos eram sombrios, não tinha água e sentíamos muita sede, não havia alimentos e sentíamos fome; guerreávamos com todos que cruzavam nossos caminhos, para tomar posse do pouco que eles possuíam e capturar mais alguns escravos para o grupo. Mas, principalmente, guerreávamos para manter o que o grupo possuía e não nos tornarmos mais escravos do que já éramos. No percurso também encontrávamos grupos aliados, que davam dicas a respeito de caminhos que devíamos evitar; em contrapartida fazíamos o mesmo, trocávamos também coisas que conseguíamos com mais abundância, por outras que não tínhamos ou tínhamos pouco. Na realidade o Exu chefe do grupo era quem trocava, eu que era escravo apenas observava tudo de cabeça baixa, torcendo para não ser mercadoria de troca, pois sabia que se com Exu Sete Quedas já estava difícil, imagine com outro que não conhecia. Afinal, com tudo na vida a gente acostuma e eu estava acostumado com aquele grupo, e com o tipo de castigos impostos ali, não sabia se outro seria melhor ou pior, não queria me arriscar.

Mas, tudo na vida tem seu tempo, e o meu naquele grupo estava prestes a terminar, independentemente da vontade de Exu Sete Quedas ou da minha, e terminou justamente no encontro do nosso grupo com um outro, considerado aliado, ambos por sinal não se cruzavam há muito tempo, tanto que eu nem conhecia esse grupo.

Exu Sete Queda achou estranho quando um grupo considerado aliado ao nosso permaneceu a certa distância, enviando apenas um mensageiro ao nosso encontro. O mensageiro chegou e, dirigindo-se ao chefe do grupo, saudou-o dizendo:

– Salve suas forças, Senhor Exu Sete Quedas!

Ao que Exu Sete Queda respondeu:

– Salve sua banda! Que mensagem traz esse mensageiro, é de paz ou é de guerra?

– Vai depender do senhor – falou o mensageiro, fazendo uma reverência. E prosseguiu dizendo:

– Meu Senhor Exu Toco Preto manda dizer que está na hora de o senhor pagar o que lhe deve; se o senhor aceitar pagar o que ele vai lhe pedir, receberemos e seguiremos nosso caminho adiante, senão, meu senhor será obrigado a entrar em guerra.

– E o que o seu senhor, o Exu Toco Preto, deseja que lhe seja dado como pagamento da minha dívida? Hoje, como pode ver, estou numa situação bastante favorável e com certeza poderei pagar o que me for solicitado – falou sorrindo.

– Que bom! Meu senhor ficará muito feliz consigo quando eu chegar de volta com o que ele solicitou, sem a necessidade de guerrearmos.

– Então vamos parar com essa embromação e me diga, o que Exu Toco Preto deseja de mim?

– Um escravo que está sob seu poder.

– E quem seria esse escravo, capaz de fazer dois grandes aliados guerrearem entre si?

– Meu senhor deseja que o senhor entregue para ele o padre Caveira.

– Como? – perguntou Exu Sete Quedas irritado; e o mensageiro, vendo a irritação de Sete Quedas, disse rapidamente:

– Pense a respeito para não se arrepender depois, será que ele vale uma guerra? Meu senhor tem contas para ajustar com o padre caveira e não irá abrir mão de levá-lo. Você já teve sua chance de vingança e esta, também, é a oportunidade de pagar o que você deve ao meu senhor, mas você decide, eu vou embora e volto outra hora, para saber se você mudou de ideia.

Curvando-se novamente em reverência, o mensageiro se retirou, deixando Sete Quedas de pés e mãos atados.

Depois de pensar sozinho por algum tempo, seu Sete Quedas chegou até mim e falou:

– Você foi solicitado pelo Exu Toco Preto, e por mais que me contrarie ter que me desfazer de você, por sua causa não compensa colocar em risco todo o poder que demorei em conquistar. Mas saiba de uma coisa, haveremos de nos encontrar novamente, e pode ter certeza de que todo o sofrimento que acredita ter experimentado não será nada comparado ao que farei você sofrer, pois não sossegarei enquanto não vingar toda a minha família.

Pensei em me calar, como tinha feito até então, mas algo dentro de mim dizia que talvez eu tivesse sorte e nunca mais nos encontrássemos; precisava, então, dizer o que ia dentro dos meus ossos e falei:

– Se um dia você puder, perdoe-me por tudo que fiz você e sua família sofrer, perdoe-me; mas saiba que o meu amor pela sua irmã foi verdadeiro e que seria capaz de morrer por ela, só queria que Layony nunca tivesse me conhecido, pois meu amor por ela, e o dela por mim, foi o que a levou ao suicídio.

– Minha irmã era só uma menina e você abusou dela, você, um homem adulto, um padre... – falou enojado.

– Eu a amei, mas quando fiquei com Layony, ela já havia perdido a inocência, seu pai abusava dela desde que tinha 9 anos de idade e por isso o matei, assim como Pierre.

Eu precisava falar, mesmo que ele me matasse novamente, mas precisava vomitar tudo aquilo que guardava comigo.

– Mentiroso! – gritou Sete Quedas, jogando-me com um movimento para longe dele. – Meu pai a amava e queria protegê-la de você, por isso você o matou. Ele queria Pierre para Layony, por acreditar que ele poderia oferecer uma vida melhor para ela e você os matou todos: meu irmãozinho que não chegou a viver uma semana sequer; minha mãe, que morreu de tristeza pela perda do amor de sua vida; e minha irmã, que se matou de desgosto e hoje ela pena em algum campo maldito, de onde não consigo retirá-la, sem correr o risco de também ficar aprisionado – falou o Exu, olhando-me com ódio.

– Layony me contou, quando disse me amar, tudo o que o pai fez com ela, e sobre os motivos que o levaram a vendê-la para Pierre; ela me falou das ameaças que sofria por parte do pai, caso contasse para alguém o que ele fazia com ela. Você pode me torturar se quiser, até me transformar num ovoide, mas não vou negar o meu amor por Layony e muito menos o prazer que senti ao matar Pierre e depois seu pai.

Novamente com um movimento de mão, ele me jogou para longe, gritando para eu me calar, mas continuei:

– No fundo você sabe que tudo que estou dizendo é verdade; e se um dia, por acaso, encontrar novamente sua irmã, poderá confirmar com ela.

– Suma da minha frente, padre demônio – e novamente com um movimento brusco me jogou para longe.

Senti meus ossos baterem no solo seco e senti dor, e ainda o ouvi chamar dois de seus seguidores e dizer:

– Leve este miserável daqui e o entreguem para Exu Toco Preto; digam que minha dívida com ele está paga; agora vão e sumam com este infeliz da minha frente – dizendo isso desapareceu, enquanto os dois seguidores me levavam arrastado até onde Seu Toco Preto se encontrava. Deixaram-me lá, com um dos feitores do Exu, que tinha ordem direta de Exu Toco Preto para me receber; depois de dizer tudo que Exu Sete Quedas havia ordenado, partiram, deixando-me jogado no chão.

Fiquei largado ali no chão não sei por quanto tempo, pensava milhões de coisas ruins que estariam reservadas para mim, não imaginava de onde podia conhecer Exu Toco Preto e muito menos o que teria feito para ele de tão ruim para ele ameaçar iniciar uma guerra só para me ter sob seu poder. Estava ainda perdido em meus pensamentos, sem me atrever a levantar do local onde haviam me jogado, quando ouvi uma voz atrás de mim que me dizia:

– Quanto tempo não nos vemos, da última vez você estava bem magro, mas não como agora; salve, padre caveira – falou gargalhando.

– De onde o conheço e o que fiz para despertar sua ira, me perdoe, mas não consigo me lembrar? – perguntei desesperado. E Exu Toco Preto, gargalhando, respondeu:

– Conheço você há muito tempo; eu estava presente quando incitou sua mãe a matar seu pai e a se matar logo em seguida; eu estava presente quando aquela maldita negra Maria o delatou para o delegado como assassino; apesar de você não ter sido condenado, teve que virar padre e, naquela noite, todo meu sonho de ter uma vida digna naquela fazenda foi por água abaixo, pois você teve que nos vender e a fazenda para não levantar suspeita. Mas eu me vinguei por meu povo, que estava tão perto de ser tratado com um pouco de decência, pois você não era cruel conosco como seu pai ou como sua mãe; e também não era indiferente como seu irmão. Você roubava comida na cozinha para levar na senzala para meu povo que sofria de fome; dava água, escondido de seus pais, para os negros presos no tronco embaixo do sol; e se apaixonou por uma negra e a tratou com respeito. Por esse amor teve coragem de induzir sua mãe a matar seu pai e a se matar. Se não fosse pela negra Maria, o sinhozinho teria ficado com a fazenda e seria desobrigado de se tornar padre, mas fiz o que era certo com aquela traidora da raça, eu a matei na primeira oportunidade e fugi; então me escondi no meio de alguns índios e aprendi a viver como eles. Ia até a cidade apenas para roubar, pois tinha esperança de conseguir dinheiro suficiente para comprar a minha carta de alforria. Por conta desses meus roubos, muitas vezes acabava por matar alguém, e assim acabei capturado e roubado; o infeliz pegou todo o dinheiro que eu havia conseguido juntar e depois me matou no tronco, embaixo da chibata. Fiquei revoltado, deixei de ser o Antônio que você conheceu e me tornei um Kiumba, mas agora sou Exu, Exu Toco Preto. Levante, meu amigo, pois mesmo no inferno existe reconhecimento, e reconheço o que você, mesmo jovem, fez por mim e pelo meu povo.

Ergui a cabeça e reconheci Antônio, o menino designado a brincar comigo quando éramos pequenos e de quem acabei me tornando amigo, mesmo com meu pai não aceitando nossa amizade. Antônio me ajudou a levantar e, me abraçando, disse:

– A partir de hoje você não será mais escravo, agora você é um Kiumba e, se fizer por merecer, pode chegar até mesmo a ser um dos meus feitores – era assim que Seu Toco Preto designava seus seguidores e prosseguiu dizendo:

– Ou por que não um Exu como eu, como Sete Quedas, como muitos outros...

Naquele momento senti meu medo se dissipando e tive a convicção de que, mesmo naquele inferno, a coisa estava começando a ficar um pouco melhor para mim.

V

Mesmo nas Trevas Existe Crescimento

– O que tenho que fazer? O que você espera de mim? – perguntei.
– Meu amigo, vamos falar disso mais tarde, agora quero saber de você. Você precisa de alguma coisa?
– Sabe, existe uma coisa que a seus olhos pode parecer tola, mas que muito me incomoda.
– Fale... Se eu puder fazer algo por você... – disse Seu Toco Preto curioso.
– Eu me sinto incomodado de andar despido, mesmo sendo apenas ossos...
– Não é tolo, eu também me sentiria incomodado se tivesse que andar pelado por aí – disse Toco Preto rindo, para quebrar a tensão. Depois de pensar um pouco, falou:
– Já sei, venha comigo.
Eu o acompanhei e fomos parar no meio do campo-santo:
– Vamos até o cruzeiro, lá tem uma capela, tenho certeza de que poderemos achar algo para ajudá-lo.

Fiquei animado e, nesse estado de ânimo, o acompanhei até a capela do cruzeiro. Ao entrar, Seu Toco Preto me mostrou um velho hábito negro, com capuz e cordão, pertencente a algum frade, provavelmente da ordem franciscana, esquecido, jogado num canto empoeirado, mas que, para mim, foi um achado mais precioso do que qualquer tesouro. Fui para pegá-lo, mas os ossos de minha mão passaram direto por ele; tentei por mais algumas vezes, porém desisti desanimado diante do insucesso.

– É impossível – falei para Exu Toco Preto, um tanto decepcionado, ao que ele me respondeu gargalhando:

– Difícil, mas não impossível. Você não é mais matéria, enquanto o hábito é; então me diga como você quer pegá-lo, padre? Você não aprendeu nada em todo esse tempo de perambulação pelo mundo dos desencarnados?

– Não tive muitas oportunidades, afinal, não passava de um reles escravo.

– Nunca é tarde para aprender, antes você era apenas um escravo, agora você não tem mais esta desculpa... – e dizendo isso ele plasmou uma cópia astral do hábito na minha frente e me entregou. Pela primeira vez, depois de muito tempo, me senti tão feliz como uma criança que acabava de ganhar o presente tão desejado. Vesti rapidamente e, naquele instante, senti minha dignidade ser devolvida; se tivesse lágrimas, seria até capaz de derramá--las, mas seriam lágrimas de alegria, de emoção.

Após isso me senti tão animado que pedi a Toco Preto para me ensinar plasmar, e ele me ensinou com presteza; no início tive certa dificuldade, mas logo peguei o jeito e queria plasmar tudo que via na minha frente, até que Toco Preto acabou com a brincadeira dizendo:

– Agora chega, senão você vai trazer tantas coisas do plano material para cá, que vai faltar espaço para as nossas coisas...

Foi um momento muito especial, pois pela minha mente só o que passava era que, a partir daquele instante, nunca mais ficaria sem roupa, nunca mais passaria por essa humilhação.

Sempre gostei muito de aprender, obter novos conhecimentos fazia com que eu me sentisse vivo. Aprendi muito com Toco Preto, todavia dois aprendizados muito importantes ocorreram quando servi ao senhor Sete Quedas; e eles foram e são importantes para mim até hoje: um é a humildade e o outro a discrição.

Minha curiosidade aflorava cada vez mais com relação a tudo que estava conhecendo agora, não mais me via como mero objeto, porém como ser vivo, ativo e pensante, com poder de decisão, mas também com um grande senso de gratidão.

– Senhor Exu Toco Preto...

– Pode me chamar apenas de Antônio, se assim o desejar.

– Não. Apesar de toda sua generosidade para comigo, reconheço o meu lugar e sei o quanto deve ter custado para você conseguir esse título, que por direito é seu. E, assim como no plano material, apesar de considerá-lo como um amigo, era superior a você, e você me respeitava e tratava como tal, hoje nos encontramos nesse novo plano da vida e aqui os papéis se inverteram. Você, apesar de meu amigo, é meu superior e devo a você respeito e obediência; não por imposição, mas por reconhecimento. E um comportamento diferenciado da minha parte poderia fazer com que fosse visto por seus seguidores, ou como o senhor mesmo os chama, seus feitores, como fraqueza da sua parte.

– Obrigado, padre, você se tornou sábio aos meus olhos, alguém neste inferno em quem, verdadeiramente, posso confiar.

– Não sou tão sábio assim, portanto, seria possível você me explicar a diferença entre escravo, Kiumba, feitores ou seguidores, e Exu?

Toco Preto deu uma gargalhada e falou:

– Tanto tempo neste inferno e ainda não aprendeu o básico, mas vamos lá: um escravo é alguém que morreu e tinha dívidas com algum outro espírito mais forte, e essa força é adquirida pelo conhecimento; ou ainda a dívida pode ser com vários outros espíritos que se unem para subjugá-lo. Foi exatamente o que aconteceu com você; você tinha dívidas e se culpava, acreditando que merecia sofrer e ser punido pelos seus atos. Por esse motivo passou por tudo isso, e como Exu Sete Quedas possui mais conhecimentos do que você, aproveitou-se do seu sentimento de culpa e conseguiu subjugá-lo.

– Quando estava com Sete Quedas, vi-o transformar dois irmãos em um cavalo.

Seu Toco Preto, gargalhando, falou:

– Deve ter sido muito engraçado, e também muito útil, para Sete Quedas ter um cavalo.

– Como pode? Que magia é essa?

– Nós somos o que pensamos ser. Do mesmo modo que plasmamos roupas e objetos como você aprendeu hoje a fazer, podemos também plasmar formas físicas. Na realidade, o poder de persuasão, combinado com a sugestão hipnótica de Sete Quedas, foi tão contundente que fez com que os irmãos acreditassem no que foi falado, no merecimento deles em serem punidos. Dessa maneira plasmaram para si mesmos a forma animalesca, do mesmo modo que ele, seu Sete Quedas, plasmou para si a forma que tinha na última encarnação.

– Sempre tive curiosidade em saber como Sete Quedas conseguiu transformar seu corpo deteriorado pela queda do precipício no mesmo corpo que tinha antes do suicídio.

– Como eu disse, ele plasmou a forma que desejou; como tinha aquela forma antes de desencarnar, ela estava gravada no seu mental, então foi mais fácil plasmar esta do que uma forma distinta daquela gravada na sua mente, mas essa forma é provisória.

– Como assim, provisória?

– Quando foge da sintonia com a forma plasmada, por se preocupar com outras coisas, aquela forma some e a real, a do perispírito, que é o que sobra quando a forma material é destruída, consequência da morte física, reaparece. Por isso ele se envolve com a capa, com o capuz, que o protege de expor sua forma na hora em que não considera apropriada.

– E quanto a mim, posso deixar de ser este monte de ossos?

– Sim, do mesmo modo que Sete Quedas, você pode plasmar, mas é necessário que você acredite que mereça, pois só assim você irá conseguir; e também não esqueça que essa forma só irá se manter enquanto sua mente estiver de acordo com seu desejo. Quando ela perder a sintonia, você perde a forma plasmada.

– E quanto a você, Toco Preto, sua forma também é plasmada?

– Não, eu não destruí meu perispírito por meio do suicídio, como aconteceu com Sete Quedas; também não o destruí pela culpa, como ocorreu com você. Cometi meus erros, por isso estou neste inferno, mas acredito que fui mais vítima do que vilão. Poderia ter seguido com os bons, mas não posso, pois meu ódio e desejo de vingança contra todos aqueles que maltrataram e maltratam meu povo me prendem neste inferno.

– Por favor, me explique uma coisa, os irmãos que viraram cavalo podem voltar à forma humana por vontade própria, ou apenas se o seu Sete Quedas permitir?

– A hora que eles mudarem a sintonia da mente, eles retornarão à forma humana.

– Daí eles não voltarão mais a ter essa forma animalesca?

– Isso já é relativo, eles poderão ser novamente colocados naquela forma se as culpas que eles carregam permitir; também podem, a partir dessa experiência, encontrar algum modo de identificação com essa forma animalesca. Daí, sempre que desejarem poderão plasmar essa forma; um aliado meu, por exemplo, conhecido como Exu Pantera, por causa da forma feroz e mortal com que ele lidava com seus adversários, quando chegou aqui, era escravo, e do mesmo modo que aconteceu com os "irmãos cavalos", ele foi metamorfoseado em uma pantera e por muito tempo ficou sob domínio dessa forma animalesca. Mas um dia ele conseguiu se libertar, voltando à sua forma humana; contudo, a partir da identificação que começou a sentir com relação a essa forma animalesca, ele passou a também manifestar essa forma de maneira plasmada, voluntariamente e com controle sobre ela.

– Interessante, mas existe algum outro modo de a pessoa adquirir essa forma animalesca?

– Sim, é difícil plasmar voluntariamente uma forma animalesca sem que o perispírito tenha vivido anteriormente essa experiência, mas com muito treino, se desejar realmente, a pessoa pode conseguir. Outro modo é inconscientemente, gerado pelo medo, pela insegurança, como aconteceu com outro aliado meu, o Exu Morcego. Ele, ao desencarnar, vagou perdido na escuridão absoluta por muito tempo, em virtude dos erros cometidos enquanto esteve na carne; nesta jornada, por causa da grande escuridão que o envolvia, ele se guiava apenas pelos instintos. Exu Morcego começou então a mentalizar constantemente, para aplacar o medo e a insegurança que sentia, que era um morcego naquela escuridão, depois evoluiu sua mentalização para "sou um morcego perdido nesta escuridão", e tanto afirmou isso que em determinado momento ele se viu na forma de um morcego, voando pelas trevas, guiando-se por seu radar. Entrou em desespero quando se apercebeu dessa nova forma, se revoltou, mas depois se acalmou e se conformou; e na calma retornou à sua forma humana, voltando à forma animalesca apenas quando deseja ou sente ser necessário.

– Nossa, você conhece a história de muitos Exus... – Seu Toco Preto, gargalhando, disse:

– Não pense que sou bisbilhoteiro, mas a informação sobre nossos aliados e inimigos é de vital importância para nossa sobrevivência neste inferno. Não devemos jamais nos aliar com quem não conhecemos a fundo, assim como nunca devemos deixar de conhecer nossos inimigos, seus pontos fracos e, principalmente, seus pontos fortes.

– Esclareça-me mais uma dúvida para que eu possa servi-lo melhor...

– Pois fale...

– O que significa e o que são Kiumbas? Você disse que vou passar de escravo para Kiumba, mas o que verdadeiramente é ser um Kiumba, o que terei de fazer nesta nova realidade?

– Bem, como vou explicar? Humm... Deixe pensar num modo melhor de você entender... Você sabe que na minha última encarnação eu fui seu escravo e que era de origem Bantu.

– Sim...

– Então explicarei de acordo com o que aprendi com meu povo Bantu.

– Vou ficar honrado...

– Todos, quando morrem, tornam-se Eguns, independentemente do caminho que decidam, consciente ou inconscientemente, seguir. Todos são Eguns e continuam a ser designados por Eguns quando decidem seguir com os bons, os seguidores do Cordeiro; mas alguns, por causa da vida que levaram, enveredam-se por outros caminhos, como nós, então passamos a ser designados de Kiumbas. Como você pode perceber, todos os Kiumbas são Eguns, mas nem todos Eguns são Kiumbas. Até aqui deu para entender?

– Sim, perfeitamente.

– Você precisa entender bem que temos uma hierarquia guiada pela evolução de cada Kiumba, e que esta se divide da seguinte forma: Exus Guardiões, Exus de Lei, Exus Pagãos, Kiumbas e Kiumbas escravos. Exus Guardiões eu não sei lhe explicar, pois é um mistério revelado apenas para o próprio Exu, mas ao se tornar um Exu Guardião este se torna responsável por todos os Exus de Lei do ponto de força que ele guarda; dizem ser uma experiência pessoal tão forte, que nenhum gosta de falar a respeito.

– E o Exu de Lei?

– Bem, o Exu de Lei está abaixo do Exu Guardião e acima de mim, que sou um Exu Pagão ainda. O Exu de Lei vive uma experiência diferente, mas ao mesmo tempo parecida com a do Exu Guardião. Em um ponto de sua caminhada ele encontra o trono que comanda seu ponto de força; se ao encontrá-lo ele tem coragem de assumir seu trono, torna-se um Exu de Lei, e como o próprio nome já diz, ele trabalha apenas dentro da lei. Caso se desvie, será cobrado pelo guardião do seu ponto de força, que está abaixo, pelo que eu sei, apenas de Olorum e dos sagrados Orixás, que são forças poderosas acima de nós e que nos direcionam punindo ou nos recompensando. Uma coisa importante a se dizer sobre os guardiões é que eles não atingem esse ponto antes de terem encontrado seu trono, ou seja, antes de serem Exus de Lei.

– Não entendo; por que ao encontrar um trono, sabendo que pode ser seu ponto de força e que poderá ser elevado no seu *status*, o Exu se recusa a sentar-se nele e descobrir se lhe pertence? – Seu Toco Preto, gargalhando, respondeu:

– Simplesmente porque, se não for seu trono, você é considerado um usurpador, e o trono possui um mistério que eleva a Exu de Lei quem senta nele por direito, mas reduz a ovoide aquele que senta nele não sendo possuidor de tal direito.

Eu tinha tido a oportunidade de ver alguns ovoides e, verdadeiramente, a ideia de me tornar um não me pareceu nada atrativa.

– Você já encontrou algum trono, Seu Toco Preto?

– Vários, mas como a minha simples presença aqui pode lhe revelar, não fui tolo o bastante para tentar me apossar de nenhum deles; só farei isso no dia em que tiver certeza absoluta de ser o legítimo dono do trono.

– Bom saber; afinal, se tem algo que não me apetece é me tornar um ovoide.

– Nem a mim, amigo, nem a mim...

– Então você é um Exu Pagão. Como se adquire esse título?

– Pela força e conhecimento; sabe aquela frase, em terra de cego, quem tem um olho é rei? Funciona do mesmo modo aqui; na terra de Kiumba, quem tem força e algum conhecimento é Exu Pagão. Você cria um grupo com aqueles com quem sente mais afinidade, ou que possuem algum conhecimento ou força, mas menos do que a sua, então você se propõe a ensinar a eles o que conhece, esses são os que eu chamo de meus feitores; mas que outros o chamam de seguidores, aprendizes, generais, generais de guerra e por aí afora. Quando eles percebem que tem conhecimento bastante, e condição de formar seu próprio grupo e aliados, eles são livres para partir e se tornarem Exus Pagãos. Enquanto estão sob meus domínios são responsáveis por cuidar, direcionar e supervisionar os

Kiumbas do grupo, além de poderem se apresentar em trabalhos usando meu nome como se fosse eu, mas apenas com a minha autorização.

– Então chegamos aos Kiumbas. Qual a função deles?

– É o que verdadeiramente interessa para você neste momento, apesar de os demais conhecimentos serem muito importantes... Então vamos lá...

Estava empolgado com todo o conhecimento adquirido; era o básico, mas era o começo, e eu começava a perceber o quanto o conhecimento era importante no plano em que me encontrava. E Toco Preto continuou de modo esclarecedor:

– Bem, temos dois tipos de Kiumbas, o Kiumba mercenário, também conhecido como rabo de encruzilhada, que é um Kiumba independente, vive por conta própria, não tem aliados, pois não confia em ninguém; não é aliado, pois ninguém confia nele. Diverte-se enganando encarnados desavisados, a quem promete tudo que ele sabe que a pessoa deseja, em troca de grandes oferendas. Usurpa, para isso, os nomes de Exus e os usa como se fossem dele; quando esses Kiumbas são capturados, acabam como escravos, mas são geralmente bastante espertos para não se deixarem apanhar facilmente. Eles conseguem inflar tanto o ego de alguns encarnados, que estes preferem dar mais créditos ao Kiumba do que ao verdadeiro Exu; só se dão conta de que foram enganados quando já é tarde demais. Este tipo de Kiumba também se abastece com restos de energias que sobram no ponto de força, referente a alguma entrega feita a algum Exu, é por isso que também é conhecido como rabo de encruzilhada. Muitas vezes esses Kiumbas costumam se abrigar em seus antigos lares, lares da época em que ainda viviam na matéria, tornando o ambiente assombrado ou tóxico para os encarnados que ainda vivem no local. Eles, também, vendem seus trabalhos para nós, Exus Pagãos, pois para muitas coisas que temos escrúpulos para fazer, eles são totalmente inescrupulosos. Além de não cobrarem caro pelo serviço, porque para eles é uma forma de se aproximarem de nós. Quando começam a sentir que está na hora de dar algum passo evolutivo na sua jornada neste campo da vida, buscam se aliar a alguém que consideram em condição de lhes pagar, proteger, garantir sua liberdade e desenvolverem seu estágio; no caso dos que me seguem, são os feitores, que mais para a frente terão condições de se tornarem Exus Pagãos.

– E o segundo caso?

– No segundo caso se enquadram os protegidos de Exus Pagãos, sem conhecimento para galgarem o próximo degrau, ou ainda aqueles que eram escravos e cresceram no conceito de seu senhor, ou de algum outro senhor que os resgata de seu antigo dono, deixando de ser Kiumbas escravos para se tornar apenas Kiumbas. Neste caso, o trabalho realizado por eles é o trabalho sujo. Para isso se utilizam de escravos e ovoides, e costumam ser mais cruéis e desprezíveis que os próprios Kiumbas mercenários, pois querem mostrar serviço para provarem que estão aptos a evoluírem mais um degrau aqui no inferno em que nos encontramos.

Não sei quanto tempo durou todo esse meu aprendizado, pois o tempo aqui é diferente daquele no plano material, e em razão do fato de aqui ser sempre noite fria, pode ter passado uma semana, um mês, um ano ou um século no tempo cronológico dos encarnados, sem que nem nos apercebêssemos deste fenômeno; mas que diferença faz para quem vive este inferno?

O importante é que comecei a trabalhar como Kiumba e Toco Preto me explicou que nosso trabalho era solicitado pelo seu povo, por meio do que ele e seu povo tratavam por M'kiumba, que significava um acordo, um acerto, um pacto entre eles e nós, em que eram oferecidas oferendas em troca de favores. Entre os encarnados pertencentes a esse grupo atendido por Toco Preto, havia um que era preparado ritualisticamente para servir de ponte entre os encarnados e os desencarnados, trazendo seus pedidos e súplicas. Este mestre de cerimônia, por assim dizer, era tratado como o M'kiumbeiro, que significa aquele que faz acordo com Kiumbas.

Nosso serviço, junto àquele grupo, era interessante; quando um negro era colocado no tronco, colocávamos um Kiumba escravo ligado mentalmente a outro Kiumba, também escravo; um Kiumba abraçava o escravo que estava no tronco e levava a chibatada junto com ele, enquanto o outro abraçava um dos filhos do senhor, ou a própria sinhá, fazendo com que parte da dor infligida ao escravo fosse partilhada com um ente querido do senhor do escravo que estava sendo açoitado, assim começava a maior gritaria na casa-grande e o senhor da fazenda, o coronel, corria para tirar o escravo do tronco. Cobríamos os olhos dos senhores para não verem os escravos roubarem comida; ou ainda, fazíamos uso de ovoides, que carregávamos conosco, e grudávamos em senhores de engenhos, para que caíssem num sono pesado, e nesse tempo em que dormiam os escravos conseguiam escapar. Chegávamos a abrir magisticamente a porta da senzala e fechá-la de novo, para dar a ilusão de que alguém de fora havia libertado os escravos.

Produzíamos doenças nos brancos, de todos os tipos, que médico nenhum conseguia diagnosticar. Aprendi muito, principalmente, magnetismo e hipnose, conseguindo produzir e curar doenças com a mesma facilidade. Mas numa coisa eu não mudava, não permitia que ninguém visse meu rosto ou meu corpo, pois o envolvia totalmente em meu velho hábito que recebi de Toco Preto. A única coisa que o manto não cobria, provavelmente, para não me deixar esquecer o que verdadeiramente eu era, eram meus pés, fazendo com que encarnados que conseguiam me enxergar se desesperassem, acreditando estar recebendo a visita da própria morte. Para brincar comigo, Toco Preto plasmou uma foice e me deu de presente, como arma de defesa, o que deixava todos à minha volta muito mais apavorados; isso divertia muito Seu Toco Preto, até o dia em que ele chegou para mim e disse:

– A partir de agora você será um dos meus feitores, tenho certeza de que será um dos mais respeitados, tanto pelos Kiumbas como pelos encarnados.

E assim iniciei meu caminho para me tornar um Exu Pagão, tal qual Toco Preto, só não sabia que algo muito maior estava no meu caminho, no meu destino...

VI

Exu Caveira:
O Guardião da Calunga

Não sei por quanto tempo permaneci como feitor do senhor Toco Preto, só sei que foi por um longo período; mais que seu feitor, eu era seu braço direito, seu amigo, seu homem de confiança.

Tudo que fazia, realizava com presteza e perfeição; não parávamos por muito tempo em um lugar, pois isso nos tornaria alvos fáceis; estávamos em mais uma de nossas caminhadas sem fim e nos distraíamos lembrando o passado, os erros e acertos cometidos, as pessoas que fizeram parte de nossas vidas. Já havíamos passado por tantos tronos da Lei que tínhamos perdido a conta; e nesses encontros com esses tronos, perdíamos mais membros do grupo do que quando encontrávamos com algum grupo inimigo.

Não tinha interesse nenhum em me sentar naqueles tronos e me tornar um ovoide; aquela massa sem forma, mas com vida, uma vida reduzida ao nada, perto de tudo que vivi desde que perdi a mulher amada. Sendo torturado, enterrado vivo e feito escravo, podia dizer que estar com Toco Preto era ter encontrado um pedaço do paraíso no inferno. Então para que deixar a ganância atrapalhar tudo que eu havia conquistado, não queria trono nenhum, estava muito bem onde estava.

Como dizia, estávamos relembrando o passado, quando me lembrei de Querência e perguntei para Toco Preto:

– Você se lembra de Querência?

– Claro, Caveira... – era assim que já há algum tempo ele me chamava, mas eu não ligava e até já estava me acostumando.

– E quando você chegou aqui, teve alguma notícia dela?

– Sim – falou Toco Preto, sem dar muita atenção para o assunto.

– E você por acaso sabe onde ela está? – perguntei ansioso.

– Sim... – respondeu respirando fundo.

– Onde? – perguntei novamente, mal controlando minha ansiedade.

– No vale dos suicidas...

Nem esperei Seu Toco Preto terminar, eu conhecia o vale dos suicidas. Quando estava no grupo de Sete Quedas, passávamos constantemente por esse vale e ficávamos por horas a observá-lo; sabia que Exu Sete Quedas buscava um modo de adentrá-lo e não ficar preso. Em virtude do peso de seu passado suicida, às vezes ele mandava um de seus homens de confiança, que depois de permanecer algum tempo no vale, retornava e lhe confidenciava algo;

percebia que ele enxugava as lágrimas e retornávamos à nossa caminhada sem fim. Nunca me atrevi a perguntar o que ele fazia em frente ao vale, pois em meu coração já sabia, ele buscava desesperadamente por Layony.

– Como no vale dos suicidas? Layony estar lá, até compreendo, mas Querência? Querência foi vítima, foi assassinada pelo meu maldito pai... – falei indignado, pois aquela era uma ferida tão profunda que fazia doer meus ossos.

– Bem, Querência e Layony são a mesma pessoa. Querência, ao chegar aqui, estava muito triste e magoada, mas não trazia ódio em seu coração e seguiu, pelo que sei, docemente os bons. Recebeu o direito de reencarnar novamente, soube disso num dos momentos em que fui visitá-lo e a vi chegando a seu povoado; apesar de a cor da pele ser diferente, os olhos, assim como a essência, eram os mesmos. No momento em que vi você olhando-a, percebi que sua alma a havia reconhecido no mesmo instante e que você ia fazer besteira; tentei alertá-lo, mas você não me deu ouvidos; tentei outras vezes, mas você simplesmente ignorou e acabou como acabou, com Querência, ou Layony, como agora é conhecida, se suicidando e sendo atraída para o vale dos suicidas.

Fiquei em silêncio por alguns momentos, depois perguntei:

– Por que Sete Quedas não tirou, ele mesmo, sua irmã de lá? Provavelmente ela viria com ele, mas ele sempre enviava estranhos... – perguntei indignado e com ódio de Sete Quedas.

– Ele não podia entrar no vale sem se tornar também um prisioneiro; afinal ele era também um suicida; uma vez ele conseguiu escapar do vale, provavelmente não teria uma segunda chance, pois o guardião do vale dos suicidas é muito possessivo com as almas sob seus cuidados, que ele considera seus tesouros.

– Eu vou até lá e buscarei Layony; tenho certeza de que ela me acompanhará.

– Claro, ela vai seguir de bom grado uma caveira. Pare e pense, ela vive em constante pesadelo, o único momento que existe no vale dos suicidas é o instante que antecede alguns minutos antes da morte; a própria morte e os momentos de lucidez são povoados de gritos de outros suicidas, o que gera pavor constante. Você acha que isto onde estamos é o inferno, imagine viver naquele vale; agora imagine ela acordando do pesadelo, nos poucos momentos de lucidez antes de cair nele novamente, dando de cara com uma caveira...

– Mas agora estou coberto, sei que ela reconheceria minha voz e me seguiria, por isso irei atrás dela e a trarei para mim, você me ajuda?

– Se fosse possível, pode ter certeza que sim...

– O que o faz crer que não é possível?

– Porque pelas notícias que chegam até mim, soube que ela não se encontra mais no vale dos suicidas.

– Como não, o irmão dela conseguiu resgatá-la?

– Não, os bons a recolheram, irão tratar dela novamente e ela poderá reencarnar, isso se ela já não reencarnou.

– Mas onde ela terá reencarnado, como posso reencontrá-la? Preciso pedir seu perdão e dizer que ainda a amo.

Toco Preto gargalhou e disse:

– Sabe, às vezes eu fico pensando que os bons são chamados de bons não somente por serem bonzinhos com quem decide ir para o lado deles, mas principalmente por serem muito bons naquilo que fazem. Eu lhe digo, é muito difícil encontrar alguém, que eles escondem e protegem, você só conseguirá chegar perto dela no dia e na hora em que eles permitirem. Portanto, sossegue e siga seu caminho, afinal você já esperou até agora mesmo, saiba que pelo menos agora ela está bem e longe de todo este inferno, ou você deseja ela aqui, correndo risco a todo momento de ser capturada, torturada, escravizada?

– Você tem certeza absoluta de que ela está bem de verdade?

– Sim, ela está naquele lugar que você pregava dizendo ser o céu; você quer tirá-la de lá e trazê-la para cá?

Relutante, respondi:

– Não.

E Toco Preto continuou:

– Deixe-a seguir o caminho dela e siga você, também, o seu; encontre uma companheira deste lado para apoiá-lo, pois o masculino e o feminino devem caminhar sempre juntos para que haja equilíbrio; e não me olhe com essa cara de padre ofendido, que você nunca honrou seu voto de castidade. Encontre alguém neste inferno que o complete e reine com ela, afinal todo rei que se preza tem uma rainha a seu lado, uma companheira.

– Não estou procurando ninguém, não estou desesperado atrás de sexo. Tive vários pecados, mas definitivamente a luxúria não era um deles; se fiquei com alguma mulher, você pode até achar engraçado, mas foi por amor.

– Tá bom, último dos românticos; mas saiba que não é apenas por sexo ou por amor que buscamos uma companheira, mas também por conveniência.

Com o intento de mudar o rumo daquela conversa, perguntei:

– Por que Toco Preto?

– Não entendi a pergunta... – Falou Toco Preto me olhando com dúvida.

– São óbvios os motivos pelos quais sou chamado de Caveira, mas por que você é chamado de Toco Preto?

Seu Toco Preto sorriu um sorriso pesado, que o remeteu a um passado que provavelmente desejava esquecer, mas me olhou nos olhos e, respirando fundo, respondeu:

– Foi há bastante tempo, pouco antes de adentrar neste mundo; fui pego roubando por um capitão do mato. Esses capitães estavam se proliferando rapidamente, escravos alforriados que capturavam seus irmãos foragidos em troca de recompensas, a pior escória de ser humano que pode existir. Fui capturado, após ele tirar de mim tudo o que tinha juntado com o intento de conseguir comprar minha liberdade, ele me torturou muito para que eu revelasse de onde fugi e poder me levar de volta para receber sua recompensa. Implorei para me deixar partir, já que ele havia pegado todo o meu dinheiro, que por sinal não era pouco; ele riu, chamando-me de escravo fujão, dizendo que o destino de todo o escravo fujão é o tronco e a chibata. Então me amarrou num tronco de árvore e me açoitou até que eu morresse; não satisfeito com sua maldade, ateou fogo no meu corpo já sem vida. Mas eu não estava longe dali, de cima minha alma observava meu corpo queimar e meditava horrorizado sobre a maldade dos seres humanos. Se não bastassem os brancos, tínhamos que enfrentar nossos irmãos de cor, os traidores da raça. Olhava aquele homem mal que ainda gargalhava ao ver meu corpo em chamas, esperando que se tornasse cinzas; naquele instante pensei no que aquele homem, na sua sede por maldade, havia me tornado: um miserável toco preto. Ele podia destruir o meu corpo, mas nunca a minha alma, pois esta estava ali, verdadeiramente livre para ir, vir e se vingar. Naquele momento, pela primeira vez em toda minha vida, eu era livre, mas para isso precisei primeiro me tornar um toco preto. Então Toco Preto serei e, a partir de então, foi o nome que adotei para mim.

Continuei perguntando:

– E o seu caminho e o desse capitão do mato, vocês voltaram a se cruzar?

– Sim – respondeu lacônico Seu Toco Preto.

– E como foi esse encontro?

– Bem, o que posso dizer é que terminou bem para o meu lado. E retirando da bolsa em que carregava seus ovoides uma caixinha, abriu e me mostrou um ovoide, cuja energia liberada era tão angustiante que chegava a dar aflição; e continuou me dizendo:

– Apresento-lhe o capitão do mato ou pelo menos o que sobrou dele; trago-o sempre comigo para ter a certeza de que ele nunca mais vai trabalhar a favor de brancos escravagistas, mas contra eles, pois é esse ovoide que faço questão de usar quando encontro um senhor de escravos muito mau; a angústia que esse ovoide produz no infeliz é tão grande que geralmente o leva ao suicídio, o que, por sua vez, produz um terrível sofrimento no ovoide – e dizendo isso se retirou...

Retornamos a nossa caminhada e nunca mais voltamos àquele assunto, que eu sabia ser ainda muito penoso para Toco Preto. Estávamos em nossa jornada rumo a nenhum lugar, quando deparamos novamente com um trono da Lei; era lindo, pela primeira vez me senti encantado por aquele trono, que era repleto de símbolos que não conseguíamos compreender.

Um dos escravos do grupo não pensou duas vezes; desvencilhou-se do grupo e dos feitores, correu até o trono e sentou-se, satisfeito. Num primeiro momento parecia tudo bem, mas o grupo permaneceu a certa distância, observando o que estaria por vir, o que aconteceria em seguida; seria ele o dono daquele trono? Seria um grande salto, passar direto de escravo para Exu de Lei. Mas de repente, um grande estrondo foi ouvido e o escravo desapareceu, porém o trono permaneceu no mesmo lugar. Quando olhamos no chão, próximo a ele, apenas o que sobrou do escravo era um ovoide que Toco Preto recolheu e guardou em sua bolsa.

Logo em seguida um Kiumba pediu autorização para se sentar no trono e Seu Toco Preto respondeu, rindo:

– Se é o que você deseja, quem sou eu para impedi-lo.

E apontando em direção ao trono disse:

– Sente-se à vontade...

Ao sentar-se, não demorou muito para que ele tivesse o mesmo destino do escravo. Então, em tom de brincadeira, Seu Toco Preto perguntou:

– E então, temos mais algum candidato a Exu de Lei?

Porém, para espanto de Toco Preto, um feitor se apresentou para ocupar o trono.

– Tem certeza, Raul? – perguntou Toco Preto. – Você está tão perto de se tornar um Exu Pagão.

– Eu sei, meu senhor, mas se eu puder passar direto para Exu de Lei será uma grande vitória; sinto que hoje pode ser meu dia de sorte, o senhor não está com medo de eu me tornar seu superior, está?

– De jeito nenhum – falou Toco Preto. – Se você acredita ser seu direito, vá em frente; eu não vou, pois tenho certeza de que não me pertence.

E Raul, mais que depressa, tomou posse do trono e infelizmente ele teve o mesmo fim dos demais; Toco Preto recolheu todos os ovoides e falou:

– O que não faz a ganância associada à arrogância... Mais alguém vai querer se arriscar?

Todos se encolheram apavorados, mas eu permanecia de olhos fixos no trono da Lei; algo nele me encantava e parecia me atrair. Estava com medo, e seria um tolo se não estivesse, mas algo mais forte do que eu e meu bom senso pareciam me chamar e me encantar; aproximei-me, então, de Toco Preto e disse:

– Obrigado, meu amigo, por tudo que você fez por mim; sei que você deve estar me achando um louco, afinal, eu também estou. Porém, não sei como explicar, é algo mais forte do que eu; gostaria de permanecer com você, mas sinto que nosso destino deve se separar aqui. Se por acaso eu me tornar um ovoide e você puder levar-me com carinho com você, eu agradeço; agora, se o trono for meu e por acaso ele desaparecer me levando, quero que saiba que levarei sua amizade sempre comigo e que esperarei ansioso por nosso reencontro – e abraçando-o me despedi.

Em seguida caminhei até o trono da Lei e, mentalmente, pedi permissão para me assentar e me veio à mente que fosse feita a vontade de Deus; sentei-me, olhei ao redor e todos me olhavam ansiosos para saber o que iria acontecer. De repente um estrondo. Fechei os olhos, e durante uma fração de tempo, que não soube precisar quanto, ele rodopiou e rodopiou, e tudo foi ficando embaralhado diante da minha mente.

Então abri meus olhos e vi minha última encarnação passar diante de mim, com riqueza de detalhes, mas não parou por aí; vi outras duas encarnações minhas anteriores a esta e tudo começou a fazer sentido. Pude compreender a aversão de minha mãe por mim, meu amor por Querência e posteriormente por Layony, a distância existente entre mim e meu irmão, e o relacionamento conturbado com meu pai. Chorei muito e, mesmo sendo apenas uma caveira, da minha cavidade ocular brotava água que jorrava por sobre minha face ossuda, descendo até o meu peito esquelético, lavando-me e purificando minha alma.

Compreendi, naquele momento, por que quem não é o escolhido para assumir o trono sucumbe sob a forma de ovoide, pois não está ainda preparado para ver tudo que o trono tem para revelar sobre a sua vida, sobre os seus acertos e, principalmente, sobre suas faltas; você conhece a verdade e, ou a verdade o liberta, ou você é sucumbido por ela.

Vi passar na minha frente todas as oportunidades recebidas e perdidas, todas as gratidões e ingratidões cometidas por mim e cometidas contra mim; pude ver todos os amigos e inimigos e seus reais motivos. Vi passar o que

Exu Caveira: O Guardião da Calunga

era esperado de mim antes de receber a bênção da reencarnação, o que me propus a fazer quando encarnado e como negligenciei meu acordo com os bons; e essa minha negligência foi a responsável por todo o meu tormento, por toda a minha miséria humana.

Do mesmo modo que o trono começou a girar ele parou; então vi que o meu ponto de força era o cemitério, local onde tudo se encerra para verdadeiramente recomeçar. Notei que meu trono se assentou ao lado de outro belo trono, com formato e detalhes femininos, e compreendi no mesmo momento que os opostos se completavam e que tudo era composto de negativo e positivo, masculino e feminino, amor e ódio; o mundo é e sempre será dual. Naquele momento mágico consegui compreender o que Toco Preto queria me dizer, quando falou que todo rei necessita de uma rainha. Eu sabia instintivamente que aquele trono pertencia à minha rainha, aquela que reinaria ao meu lado no cemitério.

Ao longe percebi a silhueta de uma mulher se aproximando, conforme se aproximava pude ver com nitidez o contorno do seu belo corpo. Foi possível notar seus cabelos revirados e suas vestes em farrapos, mas quanto mais se aproximava de mim mais sua aparência se modificava; seus cabelos se assentavam e suas roupas se tornavam belas. Olhei para mim e o hábito de padre permanecia o mesmo, apesar de maior e mais conservado, envolvendo-me completamente; e em minhas mãos ainda brilhava a foice que ganhei de presente do amigo Toco Preto.

A bela mulher se aproximou dizendo:

– Meu nome é Maria Mulambo do Cemitério, ao seu dispor, e meu rei quem é?

– Pode me chamar de Exu Caveira, minha rainha, e que possamos governar juntos com ordem, respeito e justiça neste ponto de força que nos foi confiado.

Ela se curvou na minha frente e eu senti naquela mulher uma força que só a traição e o sofrimento são capazes de propiciar. Levantei-me e, curvando-me diante dela, tomei suas mãos e as beijei, e em seguida a conduzi até o trono ao lado do meu, onde ela se assentou. Então voltei para meu trono, sabendo que encontrara uma companheira à minha altura.

O tempo foi passando e diversos Exus Pagãos foram sendo atraídos para aquele nosso ponto de força; dávamos auxílio, proteção, orientação, e quando solicitados entrávamos em causas defendidas por eles. Tínhamos, também, contato com os bons e, muitas vezes, nos aliávamos a eles para socorrer pessoas em nosso mundo, mundo este que era conhecido pelos bons como umbral.

Uma nova religião havia surgido entre os encarnados, a qual estava nos unindo mais e mais, tanto com relação a nós mesmos quanto em relação a nós e os encarnados. Essa nova religião, designada como Umbanda, ensinava-nos a ensinar, ao mesmo tempo que aprendíamos a socorrer, ao mesmo tempo que éramos socorridos; a abençoar, ao mesmo tempo que éramos abençoados. Não significava que eu havia me tornado santo, mas que estava aprendendo, evoluindo. Cometíamos ainda muitos equívocos e alguns erros de opinião e julgamento, geralmente nos deixávamos levar pelo protecionismo e acabávamos não sendo justos com a parte contrária àquela que nós protegíamos.

Na Umbanda, muitos terreiros foram se formando: alguns excelentes, outros nem tanto, mas sempre procurando aprender. Havia, também, aqueles cujo objetivo era tirar vantagens de pessoas desesperadas e de pessoas inescrupulosas, aquelas que desejavam que tudo na vida ocorresse de acordo com suas vontades e não pelos seus merecimentos.

Frequentávamos todos eles e muitas vezes até chegávamos a nos prejudicar, na tentativa de ajudar o médium; assim eram chamados esses trabalhadores, por intermediarem entre nós e os encarnados. Mas quando víamos que os médiuns estavam abusando, tirando proveito das pessoas, não dando atenção às nossas orientações e deixando-se guiar por Kiumbas mercenários, que os agradavam inflando o seu ego, retirávamo-nos e os deixávamos à sua própria sorte, para que aprendessem e crescessem com os próprios erros.

Num desses dias estava em meu trono, administrando o ponto de força pelo qual eu era responsável, quando um dos Exus Pagãos, que pertencia ao meu grupo de trabalho, chegou apressado dizendo:

– Fomos chamados para realizar um trabalho, mas algo muito estranho está ocorrendo...

– O quê? – perguntei intrigado com o pavor estampado em seu semblante.

– Não sei, meu senhor, só sei que todos que entraram na casa em questão de lá não saíram mais; enviamos escravos, Kiumbas que atuam sob nossas ordens, e pedimos até ajuda para aliados, mas algo está acontecendo, estão todos temerosos e ninguém mais quer se aproximar da tal casa.

– Que trabalho era esse que vocês estavam realizando? – perguntei, tentando compreender o que estava acontecendo.

– Era um trabalho de rotina, por isso não viemos comunicar; pelo menos achávamos que era...

– Explique-se! – disse irritado, por ter sido pego desprevenido.

– Fomos chamados pelo dirigente espiritual de um dos terreiros que fazemos parte; esse dirigente solicitou esse trabalho para auxiliar uma consulente de nome Sílvia, que se dizia desesperada por estar correndo o risco de ser abandonada grávida pelo homem que ela ama, e que pelo visto também a ama.

– Prossiga...

– O problema é que há uma senhora, tia de seu noivo, de nome dona Felícia, disposta a estragar seu casamento, jogando o noivo contra a jovem e futura mãe, por não aceitar o casamento, pelo fato de ela ser branca e o rapaz negro. Por este motivo ela veio pedir socorro no terreiro de Umbanda, dizendo que, caso ela não se case, será obrigada a praticar o aborto, pois do contrário estaria desmoralizada diante da sociedade.

– Parece que algo não está se encaixando direito em toda essa história, mas continue, o que aconteceu, o que vocês decidiram fazer?

– Resolvemos fazer algo para que essa dona Felícia se mantivesse ocupada, deixando, assim, a jovem Sílvia em paz.

– E o que vocês fizeram?

– Sabendo que esta senhora possui uma filha de criação, com 10 anos de idade, de nome Telma, provocamos uma doença no perispírito da menina, e mediante sugestão fomos fazendo esse mal se tornar físico, assim dona Felícia cuidaria da vida da sua filha, deixando o sobrinho e a noiva em paz; desta forma o nascimento do bebê não seria prejudicado.

– Sim, mas pela sua cara não resolveu.

– Não, Sílvia nos procurou novamente, dizendo que mesmo com a filha doente, dona Felícia continuava causando dificuldades e que seu noivo estava começando a ter dúvidas com relação ao casamento. Como se isso não bastasse, seus pais a pressionavam, afirmando que, caso ela não se casasse, teria de fazer o aborto, ou sumir da casa deles, pois não queriam saber de uma filha mãe solteira para emporcalhar o nome da família.

– E...

– Bem, resolvemos pegar mais pesado com dona Felícia, fazendo com que ela sentisse na pele o que Sílvia estava passando, por correr o risco de ter que matar o próprio filho; para isso provocaríamos a morte de Telma, sua filha. E estava tudo correndo bem, o estado de saúde da menina se agravou e estávamos próximos a atingir nosso objetivo. Mas, de repente, uma proteção magística foi colocada ao redor da casa, ninguém mais conseguia entrar, e aquele que conseguia romper o cerco e entrar, simplesmente, desaparecia. Perdemos muitos dos nossos e não tendo mais o que fazer, eu vim buscar seu auxílio.

– E por acaso não perceberam alguma movimentação estranha dentro da casa? – perguntei intrigado.

– Percebemos muita movimentação, luzes e a presença dos bons... Mas, uma coisa... Exu Sete Quedas estava entre eles.

Fiquei indignado ao ouvir que Sete Quedas estava presente, pois tinha certeza de que ele devia estar querendo destruir meus seguidores e aliados, para assim poder me prejudicar e me fazer novamente seu escravo. Por isso deveria estar ajudando a mãe de Telma, a garota que deveria morrer para salvar a vida do bebê que Sílvia trazia em seu ventre. Então, movido por um impulso, decidi que enfrentaria Sete Quedas e os bons que a ele se aliaram, pessoalmente.

Com esse pensamento me transportei direto do meu trono até uma casa simples. Com toda ferocidade consegui vencer a barreira de segurança e entrar onde se encontrava a pequena Telma. Observei um redemoinho que sugava tudo o que dele se aproximasse próximo à cabeceira do leito da pequena Telma, que por causa da doença provocada parecia muito mais jovem e frágil, faltando muito pouco para sucumbir. Percebi no mesmo momento que os que ali entraram de forma desavisada foram sugados pelo redemoinho energético e levados de lá para algum lugar, para o qual eu sentia os meus ossos tremerem apenas de imaginar.

Porém, eu não cairia; afinal havia enxergado o tal redemoinho, e mesmo que me destruíssem, antes levaria a vida daquela menina protegida por Sete Quedas, que por sinal, para minha surpresa, encontrava-se só, pois não enxergava ninguém no quarto além da garota, que caiu em um sono profundo, mas por estar muito fraca seu espírito permanecia perto do corpo, provavelmente com medo que algo de mal pudesse ocorrer a ele; coloquei-me, então, à sua frente, e tirei o capuz me mostrando na minha forma de caveira.

Telma, no mesmo instante, entrou em desespero e seu estado piorou consideravelmente. Sabia que só de me ver ela morreria de susto e me senti animado. Foi então que algo surpreendente aconteceu: olhei para seus olhos castanhos, profundos e apavorados, e enxerguei por trás deles os olhos que tão bem conhecia e amava.

Aquela garotinha que estava quase conseguindo destruir era ninguém menos que Layony, o grande e único amor da minha vida. Entendi no mesmo instante por que Exu Sete Quedas estava lá; ele estava protegendo a irmã que havia reencarnado naquela franzina garotinha morena clara, de olhos castanhos profundos e brilhantes, que me olhavam apavorados.

Eram os mesmos olhos que eu amava e que, tantas vezes, me olharam com carinho, mas que agora me fitavam com pavor, como quem fita um monstro executor.

Naquele momento eu me senti a mais baixa e infeliz de todas as criaturas; caí de joelho a seus pés, de cabeça baixa, procurando ocultar minha forma entre as mãos, implorando perdão e chorando compulsivamente.

De repente ela parou de chorar, olhou-me e sorrindo gritou:

– Ramon, é você, meu querido, como rezei para você me encontrar e Deus me atendeu, você veio me salvar.

Nesse instante ergui a cabeça, incrédulo de que ela realmente tivesse me reconhecido; ao afastar as mãos do rosto pude enxergá-las, e não eram mais as mãos de um esqueleto, eu havia retornado a minha antiga forma. Ela me abraçou e eu, repleto de emoção, conduzi-a de volta para a cama; nesse momento seu espírito retornou ao corpo e ela despertou, sentindo-se melhor, mas, ao mesmo tempo confusa diante de um pesadelo que se tornou um sonho agradável.

Olhei ao redor e percebi que não estava sozinho, apenas minha baixa vibração me impedia de ver os outros que ali se encontravam, entre eles Exu Sete Quedas e Seu Toco Preto, que me ampararam; mas me senti envergonhado e fugi dali, indo me ocultar na capela do campo-santo, no cruzeiro das almas.

Meu desespero diante do mal que quase cometi contra aquela a quem jurei amor eterno era tanto, somado a tudo que já tinha passado até aquele momento, que decidi desistir de tudo e me tornar um nada, trancando-me dentro de mim mesmo e, assim, proteger a mim e a ela da minha loucura, na forma de um ovoide. Mas, antes de conseguir atingir esse meu objetivo, fui envolvido por uma forte luz violeta, quente e acolhedora, que acalmava e transmitia paz; essa maravilhosa luz tomou a forma de um homem muito idoso, cuja expressão transmitia esperança e amor. Eu, ainda cansado, perguntei:

– Quem é o senhor?

E ele me respondeu com uma voz tão doce, que parecia tomar os cantos mais impenetráveis do meu ser.

– Eu sou seu pai, sou seu irmão e amigo; sou Obaluaiê.

Sabia quem era pai Obaluaiê, sabia que era o dono do cemitério e que cuidava de todos, desde o verme até o mais iluminado que ali chegava, com o mesmo zelo e atenção, sabia que estava diante de um Orixá. Mas seu carinho era tão grande que não sentia medo; apesar das minhas grandes faltas, sentia sim vergonha por todos meus atos, e somente consegui dizer:

– Não sou digno do senhor, meu pai, sou pior que um verme rastejante; não sou digno de ter de volta minha forma humana, justamente no momento em que pratica-va o ato mais repugnante da minha vida. Não digo apenas por ser contra meu grande amor, mas por ser contra uma vida inocente; e mesmo que não fosse uma vida inocente, quem sou eu para determinar quem deve viver e quem deve morrer, para me colocar como Deus diante de meus irmãos, já não bastam todos os desvarios que cometi quando encarnado? Eu que deveria ser apenas um ins-trumento de Deus, quis me fazer maior e mais sábio que Ele, e mesmo diante de todo o meu desvario, Ele ainda o mandou para me socorrer; não, meu pai, não sou digno de merecer tamanha honra.

E pai Obaluaiê, ainda me envolvendo em seus braços, falou:

– Do mesmo modo que não é lícito julgarmos nos-sos irmãos, também não é lícito julgarmos e condenarmos a nós mesmos. Meu filho, você cometeu muitos erros, mas também cometeu acertos; e o mais importante, você aprendeu com os erros. Se Olorum, nosso Pai Maior, permitiu que eu viesse até você, é porque Ele encontrou merecimento em você, é porque assim tinha que ser. Eu me sinto muito feliz de estar aqui para resgatá-lo de vol-ta para o Criador, pois lembre-se, nesta vida ninguém é maior ou melhor que ninguém, pois vivemos num mes-mo mundo, sob a proteção do mesmo Pai. Somos todos irmãos, e como irmãos devemos ajudar sempre uns aos outros, os que estão mais fortes carregando os que estão mais fracos, porque o fraco de hoje pode ser o forte de amanhã; portanto, é necessário sempre nos apoiarmos para que, dessa forma, a vida seja mantida.

E prosseguiu:

– Dando abrigo e amparo aos necessitados, água para os sedentos, comida para os famintos, amor para os carentes e fazendo companhia para os solitários. Devemos ainda cuidar dos doentes, sejam da alma ou do corpo, pois só assim estaremos ajudando nosso Pai Maior a manter a vida, tanto a nossa como a de nossos irmãos. E nunca, em hipótese alguma, devemos desistir de quem quer que seja, por mais que acreditemos que essa pessoa não seja digna de auxílio. Lembremos sempre que, por mais que tenhamos doado ao nosso irmão, ele deve ter toda liberdade para partir quando desejar, e todo o apoio para saber que pode voltar quando precisar, pois ninguém nessa vida é dono de nada, nem de ninguém.

– Pai Obaluaiê, ensine-me a trilhar seus ensinamentos e me faça seu instrumento, para que eu seja digno do senhor e dessa nova oportunidade que me foi dada por Deus para minha evolução.

– Se é o que você deseja, meu filho, a partir de hoje você será o guardião deste campo-santo e tudo fará dentro do certo e do justo. E para que não paire nenhuma dúvida em seu coração, preciso lhe esclarecer para que não venha a cometer o mesmo erro no futuro. O que você estava fazendo não era certo nem justo, você não apurou os fatos, apenas aceitou o que lhe falaram como verdade absoluta; depois se deixou guiar pela ira contra seu irmão Sete Quedas – prosseguiu dizendo:

– Todos foram iludidos, pois esta dona Felícia, mãe da garotinha Telma, não cometeu nada de errado contra Sílvia, tão somente a quis orientar para que esta seguisse um caminho honesto, como mulher digna; e por isso Sílvia, que tem muita dificuldade, ainda, para respeitar a fidelidade em uma união, se sentiu ameaçada ao perceber-se vista como realmente é – e me alertou dizendo:

–Já a garotinha Telma deve ser vista como alguém que você precisa ajudandar a proteger, para que ela possa cumprir seu destino e sua missão; lembre-se sempre de que você deve protegê-la, não como mulher ou como amante, mas como sua irmã amada, assim como deverá proteger a mãezinha que a acolheu quando, por motivos que não cabem no momento, outra não pôde cuidar.

E continuou sua explanação com um sorriso cativante, que transmitia confiança e tranquilidade:

– Porém, agora a tempestade passou e tudo está esclarecido.

– Sim, pai, farei de tudo para não atrapalhar a evolução da minha amada Layony, eu me manterei sempre em segundo plano para que nossa existência passada não se sobressaia a esta, e para que dessa forma ela possa se desenvolver como mulher, encontrando um companheiro digno nesta encarnação e, assim, viver a responsabilidade da maternidade. Depois, apenas quando ela atravessar o véu da vida e da morte, se for desejo dela, permitido pelo Pai Maior, e diante da sua bênção, meu pai Obaluaiê, poderei ter meu tão ansiado reencontro com ela.

– Muito bem, meu filho, cuide bem dela que também é uma filha minha muito amada. E lembre-se, não é apenas ela que necessita dos seus cuidados, mas todos o que forem colocados em seu caminho, e tenha certeza de que serão muitos, pois, para isso, o faço, a partir de agora, Guardião do Cemitério.

E dizendo essas últimas palavras ele se foi, deixando-me marcado com seu símbolo, que me identificaria a partir dali como seu guardião. Passei a ser conhecido, daquele momento em diante, então, como Exu Caveira, o Guardião da Calunga.

FIM

Leitura Recomendada

História da Pombagira
Princesa dos Encantos
Rubens Saraceni

História da Pombagira é um romance que se passa há muito tempo e nos remete a uma época mítica, impossível de ser detectada nos livros de História. Rubens Saraceni, inspirado por Pai Benedito de Aruanda, mostra a lapidação de uma alma, tal qual um diamante bruto, e a sua trajetória rumo à Luz!

A Evolução dos Espíritos
Rubens Saraceni

Nessa obra mediúnica psicografada pelo Mestre Mago Rubens Saraceni, os Mestres da Luz da Tradição Natural dão abertura a um novo e magnífico campo para o entendimento da presença divina no cotidiano das pessoas. Para isso, tecem breves comentários a respeito da diversidade da criação e da natureza e sobre a evolução dos homens.

As Sete Linhas de Evolução e Ascensão do Espírito Humano
Rubens Saraceni

Na senda evolutiva do espírito são vários os caminhos que podem ser percorridos para a conquista do objetivo maior, que é o de sermos espíritos humanos divinizados. Mas que caminhos são esses que favorecem um "atalho" para se chegar mais rápido ao pódio?

Orixá Pombagira
Fundamentação do Mistério na Umbanda

Rubens Saraceni

Mais um mistério é desvendado: o da Pombagira, Orixá feminino cultuado na Umbanda. Por muitos anos, ela foi estigmatizada sob o arquétipo da "moça da rua", o que gerou vários equívocos e, por que não dizer, muita confusão, pois diversas pessoas já recorreram a ela para resolver questões do amor, ou melhor, para fazer "amarrações amorosas" à custa de qualquer sacrifício.

www.madras.com.br

Leitura Recomendada

A Iniciação a Umbanda
Ronaldo Antonio Linares / Diamantino Fernandes Trindade / Wagner Veneziane Costa

A Umbanda é uma religião brasileira centenária que cultua os Orixás (divindades), os quais influem diretamente nos mensageiros espirituais, que são as entidades incorporadas pelos médiuns para que os trabalhos sejam realizados.

Livro das Energias e da Criação
Rubens Saraceni

Este livro trata de um dos maiores mistérios divinos: a vida em si mesma e as múltiplas formas em que ela se mostra. O Mestre Mago Rubens Saraceni mostra que o mistério criador de Deus transcende tudo o que imaginamos, porque o Criador é inesgotável na sua criatividade e é capaz de pensar formas que fogem à imaginação humana, por mais criativos que sejam os seres humanos.

Jogo de Búzios
Ronaldo Antonio Linares

Jogo de Búzios foi idealizado por Ronaldo Antonio Linares, com o intuito de apresentar as especificidades desse conhecido oráculo sob a ótica umbandista, bem como desmistificar as comparações entre as religiões afro-brasileiras, Candomblé e Umbanda, que, em virtude do sincretismo sofrido no decorrer do tempo, foram consideradas como sendo a mesma.

O Cavaleiro do Arco-Íris
Rubens Saraceni

Esse é mais um trabalho literário do Mestre Mago Rubens Saraceni que certamente cairá no gosto do leitor, tendo em vista que se trata de um livro iniciático, que apresenta a saga espiritual do Cavaleiro do Arco-Íris, o qual é um mistério em si mesmo e um espírito humanizado a serviço do Criador nas diversas dimensões cósmicas do Universo Divino.

www.madras.com.br

MADRAS® CADASTRO/MALA DIRETA

Editora

Envie este cadastro preenchido e passará a receber informações dos nossos lançamentos, nas áreas que determinar.

Nome_____
RG_____ CPF_____
Endereço Residencial _____
Bairro _____Cidade_____ Estado_____
CEP_____ Fone_____
E-mail _____
Sexo ❏ Fem. ❏ Masc.   Nascimento_____
Profissão _____ Escolaridade (Nível/Curso)_____

Você compra livros:
❏ livrarias   ❏ feiras   ❏ telefone   ❏ Sedex livro (reembolso postal mais rápido)
❏ outros:_____

Quais os tipos de literatura que você lê:
❏ Jurídicos   ❏ Pedagogia   ❏ Business   ❏ Romances/espíritas
❏ Esoterismo ❏ Psicologia ❏ Saúde   ❏ Espíritas/doutrinas
❏ Bruxaria   ❏ Autoajuda   ❏ Maçonaria ❏ Outros:

Qual a sua opinião a respeito desta obra?_____
_____

Indique amigos que gostariam de receber MALA DIRETA:
Nome_____
Endereço Residencial _____
Bairro _____Cidade_____ CEP _____

Nome do livro adquirido: ***Exu Caveira***

Para receber catálogos, lista de preços e outras informações, escreva para:

MADRAS EDITORA LTDA.
Rua Paulo Gonçalves, 88 – Santana – 02403-020 – São Paulo/SP
Caixa Postal 12183 – CEP 02013-970 – SP
Tel.: (11) 2281-5555 – Fax.:(11) 2959-3090
www.madras.com.br

Para mais informações sobre a Madras Editora, sua história no mercado editorial e seu catálogo de títulos publicados:

Entre e cadastre-se no site:

 *www.madras.com.br*

Para mensagens, parcerias, sugestões e dúvidas, mande-nos um e-mail:

 *marketing@madras.com.br*

SAIBA MAIS

Saiba mais sobre nossos lançamentos, autores e eventos seguindo-nos no facebook e twitter:

@madrased
/madraseditora